포스트코로나19 시대의 교회

# 가정교회가 답이다

**가정교회 운영의 길잡이.**

코로나19 팬데믹이 세상의 변화를 요구하고 있는 속에서 교회는 과거의 전통과 의식 안에 안주할 수 없게 되었다. 세상이 변하고 사람이 변하고 있는데 과거의 목회 방식을 주장한다면 그 교회는 분명히 낙오될 수 밖에 없을 것이다. 새시대 새로운 패러다임의 목회 방식이 요구된다. 포스트 코로나19 팬데믹 시대의 교회는 가정교회가 될 것이다.

포스트코로나19 시대의 교회

# 가정교회가 답이다

이 재 영 지음

새미

# 책을 내면서

코로나19 팬데믹은 세상의 변화를 가져왔고 변화를 요구하고 있다. 지금까지 한국의 기독교는 황금기를 구가했다고 할 수 있다. 전 세계 10대 대형 교회 중 3개 교회가 우리나라에 있다. 한국의 일부 기독교는 천문학적인 자금을 투자하여 왕궁과 같은 건물을 세워 위용을 드러냈고 재적 교인 수천에서 수 만명을 가진 교회들이 그 세력을 과시하였다.

작금의 코로나19 팬데믹은 교회에 쓰나미를 몰고 왔다. 사회적 거리두기가 일상화되었고, 온라인 예배가 새로운 예배 형태로 자리잡고 있다. 이러한 교회 상황에서 교인들의 의식도 변할 수밖에 없다. 교회의 성도공동체가 가족공동체로 변하였고 '교회만이 구원이 있다'는 의식이 변하게 되었다. 자동적으로 가정교회가 등장할 수밖에 없는 상황이 되었다.

가정교회는 태초부터 하나님이 원하셨던 교회다. 하나님은 인류의 조상 아담과 해와의 가정에서부터 기쁨과 영광을 돌리는 기관으로 가정교회를 세우셨다. 예수 그리스도가 강림하여 세운 초대교회도 가정교회였다. 그러나 인간의 욕심과 경쟁의식은 교회의 외형을 키우는데 교회의 자원을 투자하였다. 외형만 화려한 소돔과 고모라 성과 같은 교회가 하나님이 거하시는 진정한 성전인가를 돌아보아야 한다.

필자는 신학을 공부하면서 하나님이 원하시는 진정한 교회는 가정교회라는 확신을 가졌고 이러한 소신을 정리해서 미국 뉴욕신학교에서 "평신도 해방을 위한 예배개혁"이라는 주제의 논문으로 목회학 박사를 취득하였다. 학위를 취득하고 미국 뉴욕에서 한인들을 중심으로 가정교회 목회를 하였으며 한국에 돌아와 신학대학에서 실천신학을 강의하며 가정교회 목회를 하였다.

  이 책은 그동안 가정교회 목회의 경험과 신학대학에서 강의한 내용을 정리하여 출판했다. 책 1부에서는 가정교회 이론과 실제를 다루었고, 2부에서는 소그룹의 이론과 실제를 다루었다. 소그룹의 이론과 실제는 가정교회뿐만 아니라 교회의 소그룹 활동에 필요한 내용을 다루었다. 셀교회, 구역모임, 작은 교회 등 모든 소그룹 활동에 가이드가 되는 내용이다.

  이 책이 코로나19 팬데믹으로 방황하는 교회의 복음이 되기를 바라며 사역자들의 길잡이가 되기를 바란다.

2022년 2월
저자 이재영

# 목 차

제1부 가정교회 교회론

제1장 왜 가정교회인가?　　　　　　　11

제2장 가정교회 교회론　　　　　　　17

제3장 가정교회 출현의 역사적 고찰　　26

제4장 현대교회의 대안 교회　　　　　36

제5장 지역교회와 가정교회　　　　　52

제6장 가정교회의 가능성과 제한성　　58

제7장 가정교회 목회 패러다임　　　　68

제8장 가정교회의 예배　　　　　　　72

제9장 가정교회의 교회 교육　　　　　88

제10장 가정교회의 선교활동　　　　　93

제11장 가정교회의 목회 돌봄　　　　　96

# 제2부 소그룹 운영의 이론과 실제

제1장 왜 소그룹인가?                     103

제2장 소그룹이란 무엇인가?                109

제3장 소그룹 운동의 역사                  118

제4장 소그룹의 유형                       124

제5장 교육조직 개발 그룹                  140

제6장 소그룹 과정                         147

제7장 소그룹 지도자의 리더십              156

제8장 소그룹 멤버십                       167

제9장 작은 교회 목회 리더십               170

제10장 작은 교회의 목회 구조와 활동       175

제11장 교회 안의 작은 교회 운동           183

제12장 목천가정교회 이야기               194

제1부

가정교회 교회론

# 제1장

# 왜 가정교회인가?

## 가정교회는 에덴동산에서부터 세워져야 했다

하나님의 창조 이상은 창세기 1장 28절에 선포하신 "생육하고, 번성하여 땅에 충만하라"는 말씀에 담겨있다. 즉 개성을 완성하고 가정을 완성하고 만물의 주관성을 완성하는 것이 하나님의 창조목적이다. 창조목적은 곧 존재의 목적으로써 인간이 하나님의 성전이 되고, 가정이 하나님의 성전이 되고, 우주가 하나님의 성전이 되는 것이다.

개체 성전, 가정 성전, 우주 성전 가운데 가정 성전이 중심의 위치에 있다. 가정에서 사랑이 완성되기 때문이다. 가정에서 부모의 사랑, 부부의 사랑, 자녀의 사랑을 경험하게 될 때 진정한 사랑을 알게 된다. 가정은 천국의 기본 단위다. 가정에서 참사랑을 배우고 경험할 수 있기 때문이다. 본래 각 가정이 하나님을 모시는 교회다. 이를 연합해서 씨족 혹은 종족적 단위의 교회를 만든 것이 가정교회다.

따라서 교회는 인간 조상 아담과 해와가 타락하였기 때문에 세워진 것이 아니라 아담과 해와의 창조 때부터 세워져야 할 성전이다. 아담과 해와는 하나님께 기쁨과 영광을 돌리는 하나님의 자녀로 창조되었다. 하나님께 기쁨과 영광을 돌리기 위한 형식으로 예배가 있다.

## 예수 그리스도는 가정교회를 회복하기 위해 오셨다

예수 그리스도는 지상에 오셔서 가정을 이루지 못하셨지만 12제자들과 가족공동체를 이루시고 사랑의 식사(Agape Meal)를 나누셨다. 이 식사 공동체에서 제자들에게 "네 마음을 다하고 목숨을 다하고 뜻을 다하여 주 너의 하나님을 사랑하라 하셨으니 이것이 크고 첫째 되는 계명이요, 둘째는 그와 같으니 네 이웃을 네 몸과 같이 사랑하라" 하셨다. 그리고 이 복음을 세상 끝까지 전하라고 하셨다.

예수는 제자들에게 "나는 포도나무요 너희는 가지니 저가 내 안에 내가 저 안에 있으면 사람이 과실을 많이 맺나니 나를 떠나서는 너희가 아무 것도 할 수 없음이니라"(요한복음 15장 5절—6절)라고 제자들과 공동체임을 강조하셨다. 사도 바울은 그리스도인들에게 '우리는 그리스도 안에서 한 몸이 되어 서로 지체가 되었다고 하였다(로마서 12장 6절). 그리스도인들은 한 지체가 되었고 가족이 되었음을 말한다.

바울은 감독 디모데에게 "자기 집을 잘 다스려 자녀들로 모든 단정함으로 복종케 하는 자가 되라. 사람이 자기 집을 잘 다스리지 못하면 어찌 하나님 교회를 돌아 보리요"(디모데 전서 3장 4절)라고 하였다. 여기서 가정과 교회는 하나요, 연관성을 갖고 있음을 말한다. 앞의 가정은 집을 말하는 것이고 뒤의 교회는 하나님을 모신 가족 공동체를 말한다.

예수는 십자가에 돌아가시며 베드로에게 천국 열쇠를 주고 가셨다(마태복음 16장 19절). 베드로에게 반석 위에 교회를 세우라고 하였다. 예수가 말씀하신 교회는 가정교회다. 그리고 베드로가 받은 천국문의 열쇠는 가정교회로 들어가는 열쇠다. 천국은 가정에서부터 출발하기 때문이다. 예수가 천국 문 열쇠를 베드로에게 준 것은 당신이 이루었어야 할 가정교회의 이상을 베드로에게 계승한 것이다.

예수가 십자가에 돌아가신 후 제자들을 가정에서 모임을 가졌다. 가정에서 순전한 마음으로 음식을 나누며, 하나님을 찬미하고, 예수를 회상하며 말씀(어록)을 공부하였다. 이들의 삶 자체가 예배와 전도가 되어 이를 보고 믿는 사람이 날마다 더하였다고 하였다.(사도행전 2:46—47) 이들의 모임이 기독교의 원형이 되는 가정교회였다.


## 오늘의 세상이 가정교회를 요구한다

오늘날 가정이 해체되고 있다. 이혼율의 증가, 핵가족의 증가, 일인가구의 증가 등으로 조부모, 부모, 자녀 등이 모두 함께 사는 가족공동체를 찾아보기 힘들게 되었다. 특히 결혼을 하여 가정을 이루어야 할 2030 세대의 일인가구의 비율이 3분의 1, 독거노인 비율이 20%라고 한다.

핵가족 혹은 일인가구가 갖는 문제는 가정에서 경험해야 할 부모의 사랑, 부부의 사랑, 형제간의 사랑 등 참사랑을 경험하지 못한다는 것이다. 어린이들은 가정에서의 보살핌과 사랑 안에 성장해야 제대로 인격을 연마할 수 있다. 핵가족 안에서 아이들은 자기중심적이고 이기적인 성격으로 성장할 가능성이 높다. 타인에 대한 배려와 존중심을 배우지 못하는 환경에서 자라기 때문에 타인의 고통에 공감하지 못한다.

오늘날 독거노인 문제도 심각한 사회문제가 되고 있다. 미혼율 증가와 출산율 감소로 젊은 인구는 줄어들고 노인인구는 급증하고 있다. 경제적 궁핍, 질병, 고독감 등으로 고통받고 있는 노인들이 날로 증가하고 있다. 노인 문제는 노인 당사자뿐만 아니라 가정, 지역사회, 국가 등의 큰 관심사가 아닐 수 없다. 교회도 이들을 위해 일조해야 한다. 경제적 곤란이나 질병의 고통을 교회가 책임질 수 없다고 하더라도 이들의 외로움과 소외감을 메꾸어 주는 것은 교회의 한 몫이 될 것이다.

이러한 현대사회 안에서 혈통으로 연결되지는 않았지만 하나님의 말씀 안에서 사랑을 나누는 공동체가 필요하다. 같은 믿음과 사랑으로 결속된 공동체가 요구된다. 사람들은 이 공동체 안에서 사랑을 나누고 서로 섬기는 일을 배우고 경험해야 한다. 공동체에서 형제간의 사랑을 경험하게 될 때 타인에 대한 배려와 존경과 책임감이 배양된다. 가정교회는 바로 사랑을 배우고 나누는 공동체이다.

## 포스트 코로나19 팬데믹이 가정교회를 요구하고 있다

인류역사에서 전염병의 창궐로 세상을 바꾸어 놓은 사례가 있다. 14세기 흑사병으로 중세 유럽의 봉건사회를 붕괴시켰고, 17세기 천연두는 대항해 시대를 열었고, 20세기 독감은 1차 세계대전을 종식시키는 데 기여했다. 이처럼 전염병으로 많은 희생을 치러야 했지만 그 댓가로 세상을 변화시키는 모멘트가 되었고 인류 문명의 전환기를 맞이하게 하였다. 지금 우리가 살고 있는 시대에 발생한 코로나19 팬데믹도 세상을 바꿔놓고 있다.

2020년 초부터 시작된 코로나19의 팬데믹은 경제, 사회, 문화, 교육, 종교 등 각 분야를 바꾸어 놓고 있다. 많은 분야에서 위기를 초래하게 되었지만 어떤 분야는 새로운 기회를 만들고 있다. 물론 위기를 맞은 분야가 훨씬 더 많은 것은 사실이다. 많은 소상공인들이 어려움을 겪고 있는 반면 유통 산업은 성장하고 있다. 대중을 모이게 했던 문화, 스포

츠 활동은 쇠퇴하고 가정에서 나홀로 즐기는 것을 돕는 사업들은 번창하고 있다.

교회도 마찬가지다. 코로나19 팬데믹이 교인들의 의식과 신앙 형태를 바꾸어 놓고 있다. 교회 폐쇄, 교인의 감소, 헌금의 감소 등 겪어보지 못했던 상황들을 경험하면서 목회자들은 당황하고 있다. '교회 없이도 살 수 있다'는 신도들의 의식이 변하고 있다. 구원을 위해 교회가 필수였는데 이제는 혼자서도 구원을 받을 수 있다고 생각하게 되었다. 교회에 가지 않아도 구원을 받을 수 있다는 의식, 하나님은 어디에나 계신데 굳이 교회에서 예배를 보아야 하나? 등의 의식이 팽배해지고 있다.

한편 이러한 위기상황에서 진실한 신앙인은 하나님께 더 의존하게 되었고, 가정생활에 더 충실하게 되었으며, 소수의 신앙인들 간에 진솔한 관계가 더욱 강화되었다. 어렵고 소외된 신앙인들을 돕고자 하는 헌신과 봉사정신이 고양되는 긍정적 변화도 일어났다. 일부 교회는 코로나19 팬데믹의 상황에서 온라인을 통해 신도들 간에 더 긴밀한 관계를 갖게 되고, 온라인으로 송금하는 헌금이 증가했으며, 온라인을 통해 교회교육도 강화되었다고 보고하는 목회자도 있다.

코로나 바이러스의 확산을 완전히 막을 수 없다는 생각이 팽배해지면서 이제 코로나와 함께 살자(With Corona)는 생각으로 전환되고 있다. 코로나 상황에서 각자도생해야 하고, 스스로 자신의 안전을 지켜야 한다는 생각이 지배적이다. 언텍트 문화가 일상화되고, 내 가족 중심의 생활(My Home 주의)이 될 것이다. 교육도 원격 교육이 보편화되고 직장의 일도 재택근무가 대세가 될 것이다.

코로나 팬데믹이 세상을 변화시키고 있는데 교회는 과거의 전통과 의식 안에 안주할 수 없게 되었다. 세상이 변하고 사람이 변하고 있는데 과거의 목회방식을 주장한다면 그 교회는 성장 발전할 수 없다. 새

로운 패러다임, 새로운 방식의 목회가 요구된다. 포스트 코로나 시대에
전환되어야 할 목회 패러다임은 가정교회가 될 것이다.

# 제2장

# 가정교회 교회론

## 교회의 본질과 가정교회

독일의 신학자 한스 큉(Hans Kung)은 "교회의 개념은 근본적으로 주어진 각 시대의 교회 형태에 의존한다.[1]"라고 하였다. 교회의 본질은 변하지 않지만 교회의 개념을 구성하는 외연은 시대마다 확장된다는 의미이다. 교회 형태는 시대를 초월해서 정태적(定態的)이고 고정적으로 남아있는 것이 아니라 시대마다 그 상(像)을 달리한다는 것이다. 인간을 구원하는 기구로써 교회의 본질은 영속적이고 동일성을 갖는다. 하나님 나라를 건설한다는 교회의 본질과 기능은 같지만 유대인의 교회형태, 가톨릭의 교회 형태, 개신교의 교회 형태가 다른 것은 당시대 교회가 서있는 자리와 상황이 다르기 때문이다.

어거스틴은 교회를 정의할 때, '가시적 교회'와 '불가시적 교회' 즉 보이는 교회와 보이지 않는 교회로 구분하였다. 보이는 교회는 신앙의 대상이 되지 않는 건물을 말하고, 보이지 않는 교회란 창세로부터 지금까지 구원받은 성도들의 집단을 말한다. 보이지 않는 교회는 보편적이고

---

1) Hans Kung, What is Kirche?, 이호근 역, 『교회란 무엇인가?』(왜관: 분도출판사, 1995), 17쪽.

영적인 교회로 하나님이 함께하는 공동체다. 어거스틴이 말한 보이지 않는 교회는 하나님의 부름을 받은 거룩한 집단으로, 보이는 교회는 죄인들의 학교로써 구원받기 위해 공부하는 장소로 이해하였다.

구약성서에서 교회를 표현한 히브리어의 '카할'이라는 낱말과 '에다'라는 낱말이 있다. '카할'이라는 말의 본뜻은 '부르다'라는 말에서 유래된 것으로 어떤 일을 의논하기 위하여 '소집된 공동체'라는 뜻이다. 신약에서 구약의 '카할'을 번역한 말로는 헬라어의 에클레시아(Ecclesia)가 있다. 이 말은 '하나님의 백성의 모임'이라는 말이다. 이는 보이지 않는 교회를 의미한다.

'에다'라는 말은 신약에서 '시나고구'라는 말로 번역되는데, 유대인들이 모이는 모임과 장소를 의미한다. '에클레시아' '에다'는 다같이 모임이라는 의미가 있다. 에클레시아가 예수 그리스도를 중심한 모임을 강조한 반면, 시나고구는 율법을 배우는 장소라는 것을 보다 더 강조하고 있다. 에클레시아는 종말론적 공동체성이라는 의미가 담긴 것으로 교회의 보편성을 강조한 말이라면 시나고구는 장소와 시간 제약을 받는 지역교회를 가리키는 말이다.

사도 바울은 교회를 '그리스도의 몸'이라고 표현하였다(골 1:18). 즉 예수 그리스도는 머리가 되시고 교회는 그리스도의 몸이라는 표현이다. 이것은 교회 조직의 유기체적 특성을 강조한 말이다. 바울은 지역교회를 완전한 교회로 보지 않고 전체교회의 한 부분으로 이해하였다. 그리고 전체교회를 '하나님의 교회'(고전 15:9, 갈 1:13)라고 불렀다.

오늘날에도 해방신학이나 민중신학에서는 교회당 즉 건물을 말하지 않고 하나님의 구원이 필요한 사람이 있는 곳을 교회라고 한다. 고통과 소외된 사람들에게 하나님이 함께하시는 곳이 교회라고 하였다. 여기서 교회는 '구원의 기관'이라는 의미이다. 따라서 먼저 부름을 받은 성도들은 이곳에서 하나님의 구원사역에 동참해야 함을 강조한다.

위의 교회의 개념에서 가정교회는 '보이지 않는 교회'와 '보이는 교회'의 두 기능을 가지고 있다. 가정교회는 하나님의 백성들이 모이는 거룩한 공동체이며 하나님의 말씀을 공부하고 사랑을 실천하는 장이 된다. 보이는 교회로서의 가정교회는 하나님이 함께하는 집이며, 하나님의 부름받은 백성들이 하나님을 섬기고 사랑을 나누는 장소이다.

## 하나님의 나라와 가정교회

기독교 성경의 핵심 주제는 바로 "하나님의 나라"이다. 하나님의 나라는 창조의 목적이며 구원 섭리의 귀결점이다. 하나님은 아담과 해와를 창조하시고 하나님의 나라 백성이 되기를 원하셨고 그들을 통해 하나님의 나라를 세우려는 뜻을 가지셨다. 그러나 인간조상 아담과 해와의 타락으로 하나님 나라의 이상은 실현되지 못하였고 결국 하나님 나라는 구원섭리의 목적이 되었다.

하나님의 나라는 하나님 백성들의 공동체를 말한다. 이 공동체가 가정적, 종족적, 민족적, 세계적 차원의 공동체로 확대되어 나가는 것이 하나님의 나라이다. 하나님은 전 인류가 하나님 아래 하나의 가족이 되는 세상을 이루기 위해 구원섭리를 해오셨다. 원래 인간 조상 아담과 해와가 타락하지 않았더라면 에덴동산이 바로 하나님의 나라다. 그러나 인간 조상의 타락으로 하나님의 나라는 이상으로 남아졌다.

한 나라를 이루기 위해서는 백성, 영토, 주권이 필수 요건이다. 하나님의 나라도 마찬가지다. 하나님의 나라를 위해서는 하나님의 백성, 하나님의 영토, 하나님 주권이 필요하다. 메시아가 지상에 오심은 하나님의 나라 주권의 도래이며 메시아 강림의 목적은 하나님의 백성을 찾고 하나님의 영토를 회복하기 위함이다. 따라서 '하나님의 나라는 이미 도래하였다.' '하나님의 나라는 오고 있다.' '하나님의 나라는 장차 도래하게 될 나라이다.'라고 할 수 있다.

교회는 하나님의 나라를 이루기 위한 기관이며 그 자체가 하나님의 나라이다. 가정교회는 이루어진 하나님의 나라이며, 하나님의 나라를 이루기 위한 과정이며, 장차 이루어야 할 하나님의 나라의 전형이다. 하나님의 나라 관점에서 본 가정교회의 기능은 다음과 같다.

**첫째, 가정교회는 하나님의 나라 모델이다.**

가정은 삼대 사랑 즉 하나님의 사랑, 부부의 사랑, 형제의 사랑을 실천하고 경험하는 장이다. 따라서 가정교회는 확대된 가정으로서 사랑을 배우고 실천하는 장이다.

**둘째, 가정교회는 하나님의 나라를 선취(先取)한 공동체다.**

가정교회는 하나님 백성들의 모임이다. 하나님으로부터 부름을 받은 사람들이 하나님의 나라를 선취하여 하나님의 사랑과 형제간의 사랑, 이웃 사랑을 실천하는 공동체다.

**셋째, 가정교회는 하나님의 나라를 세상에 시위(示威)하는 장이다.**

가정교회는 세상 앞에 하나님의 나라 백성을 보여주고, 하나님의 나라 공동체를 보여주는 곳이다. 하나님으로부터 축복받은 백성들의 삶을 보여주는 곳이다.

**넷째, 가정교회는 하나님의 백성들을 부르는 곳이다.**

가정교회는 하나님을 모르는 세상 사람들을 초대하여 그들을 하나님의 백성으로 교육하고 훈련시키는 곳이다. 가정교회에 먼저 부름받은 사람들은 하나님 나라의 도래와 하나님의 뜻을 세상 사람들에게 전하는 사명을 갖는다.

**다섯째, 가정교회는 하나님 나라 환경권을 만드는 사람들이 모인 곳이다.**
가정교회는 인류의 평화와 행복을 위해 봉사하는 사람들의 공동체다. 사람을 사랑하고 자연을 사랑하는 사람들이 하나님의 나라 환경을 복귀하기 위해 부름받은 공동체다.

## 평신도가 중심이 되는 교회

초대교회에서는 교회당도 없었고 목회자도 없었다. 평신도 중심의 교회였다. 가정에서 평신도들이 모여 예배드렸고 장로(연장자) 중에서 설교하였다. 예수께서는 "산에서도 말고, 예루살렘에서도 말고 너희가 아버지께 예배할 때가 이르리라."(요한복음 4:21—22)고 하였다. 예배하는 장소가 별도로 있는 것이 아니라 신령과 진리로 예배하는 곳에 하나님이 함께하신다고 하였다.(요한복음 4:23)

구약시대는 제사장이 있어야 제사를 드릴 수 있었고, 교회 성전이 아니면 예배드릴 수 없었다. 신약시대가 도래하면서 하나님이 성령을 모든 성도들에게 주셨기 때문에 개인이 예배드릴 수 있었고 가족과 이웃이 함께 예배드릴 수 있었다. 하나님의 성령을 입은 모든 성도들에게 예배드릴 수 있는 특권을 주신 것이다. 따라서 예배는 신도의 의무라기보다는 특권이다.

예수께서 "너희는 가서 모든 족속으로 제자를 삼아 아버지와 아들과 성령의 이름으로 세례를 주고 내가 너희에게 분부한 모든 것을 가르쳐

지키게 하라. 볼지어다! 내가 세상 끝까지 너희와 항상 함께 있으리라."(마태복음 28:19—20)고 하였다. 신도들이 가는 곳에 주님이 함께 하시니 언제 어디서나 그 곳에서 예배드릴 수 있는 것이다. 예수가 이상하였던 교회는 평신도 중심의 교회였다. 그러나 중세 초기 기독교가 로마의 국가 종교가 되면서 교회는 제도화되고 형식화되었다. 교부 이그나티우스(Ignatius)와 시프리안(Cyprian)은 '교회는 감독과 성직자들로 말미암아 구성된다.'는 명제 아래 교회적—계급적 교회론이 지배적이었다. 이러한 성직주의 아래에서 평신도는 설자리가 없게 되었다. 예배에서 평신도는 수동적으로 참여하는 구경꾼일 뿐이다.

가톨릭과 개신교의 교회론은 다르다. 가톨릭은 "감독이 있는 곳에 교회가 있다"는 명제가 교회론의 기반이다. 그러나 개신교는 "말씀이 있는 곳에 교회가 있다"는 명제가 교회론의 기반이다. 개신교는 누구나 말씀을 읽을 수 있고 그 말씀을 전할 수 있다. 말씀을 읽고 말씀대로 살고, 말씀대로 살아온 경험을 나누는 것이 설교다. 따라서 설교는 목사만이 하는 것이 아니고 성령의 은혜를 입어 말씀에 감동 감화한 누구나 전할 수 있다.

그러나 가톨릭에서 구원은 오직 감독의 중보에 의해 가능하다고 보았기 때문에 감독만이 성서를 읽을 수 있으며 성례전을 집행할 수 있었다. 이러한 가톨릭의 성직주의에 대한 도전은 종교개혁기에 이루어졌다. 루터와 캘빈 등 종교개혁자들이 주창한 '성서로만' '믿음으로만' '만인사제직'은 성직주의에 대한 도전이라고 할 수 있다. 이 개혁의 원리는 성직주의 철폐를 의미하며 교회에서 평신도의 지위와 역할의 회복을 의미하는 것이다.

오늘날 개신교는 종교 개혁자들의 개혁사상을 기반으로 세워졌지만 평신도들의 위치와 역할이 크게 달라지지 않았다. 개신교에서도 목사의 위치와 역할은 가톨릭의 성직주의 수준에서 크게 개선되지 않았다. 교회에서 평신도가 중심의 자리에 있지 못하고 예배에서도 평신도의 참여가 제한적이며 수동적이다.

1960년대 초 크래머(Hendrik Kraemer)의 『평신도 신학』, 1970년대 깁스와 모트에 의한 『평신도 해방』, 남미의 해방신학과 한국의 민중신학이 등장하면서 교회에서 평신도의 지위와 역할이 강조되었다. 남미에서 평신도 중심의 기초공동체가 등장하였고, 개신교에서는 셀처치, 교회 안의 작은 교회들이 등장하면서 평신도의 지위가 격상되고 역할이 활성화되었다.


## 포스트 코로나 이후의 교회

정부나 전문가들은 위드코로나(With Corona) 시대를 대비해야 한다고 말한다. 코로나 바이러스와 함께 살아야 함을 의미한다. 정부의 질병관리본부는 코로나 감염환자 증감이나 모임의 성격에 따라 참가자 수를 통제하고 있다. 이토록 모임의 참가 인원을 통제하고 있는 것은 바이러스 감염자와 경로를 모르는 '깜깜이 감염'을 차단하고 감염의 발원지와 경로를 찾기 위해서다.

코로나로 인하여 우리 사회는 여러 가지 삶의 변화를 가져왔다. '가족중심' '개인주의' '나노 사회[2]' '재택근무' 등의 사회와 문화를 형성하게 되었다. 이러한 사회 문화의 특징은 자동적으로 작은 그룹의 모임이 대세를 이루게 되었다. 교회도 마찬가지다. 많은 대중의 모임은 쇠퇴하고 소그룹 모임을 지향하게 되었다. 교회가 살아남기 위해서는 예배,

---

[2] 사회 공동체가 극소 단위로 파편화되어 개인으로 흩어지고 개인은 더 미세한 존재로 분화되어 서로 이름조차 모르는 고립된 섬이 되어감을 말한다.

교육, 봉사 등의 작은 모임을 활성화시켜야 한다.

지금까지 한국교회의 성장 지표는 교인 수의 증가에 중점을 두었다. 따라서 대부분의 교회는 대형교회를 지향하며 교인 수의 증가를 선교의 목표로 삼았다. 그러나 코로나 이후 이러한 교회 성장의 목표는 더 이상 유효하지 않다. 이제는 소그룹 교회, 가정교회 혹은 셀교회를 얼마나 잘 운영하고 있는가가 교회 성장의 지표가 될 것이다. 코로나19의 팬데믹은 대형교회 교인들을 흩어지게 하였다. 여기에는 '가정교회로 돌아라'는 하나님의 계시가 담겨 있다.

"진실로 다시 너희에게 이르노니 너희 중에 두 사람이 땅에서 합심하여 무엇이든지 구하면 하늘에 계신 내 아버지께서 저희를 위하여 이루게 하시리라 두세 사람이 내 이름으로 모인 곳에는 나도 그들 중에 있으리라"(마태복음 18:19—20)고 하였다. 하나님은 많은 성도가 모이는 교회를 원하시지 않으셨다. 작은 그룹 모임 안에서 가족적 분위기의 예배를 원하셨다.

코로나 시대에 들어서면서 많은 신조어들이 만들어지고 있다. 그 중에서 가장 많이 회자되는 말이 '거리두기' '비대면'(untact)이라는 말일 것이다. 인간관계는 '얼굴과 얼굴을 맞대고'(face to face) 이루어져야 한다는 것이 일반적 관념이었다. 그러나 코로나 이후 기존의 관념을 뒤집는 말들이 등장했다. '헤치면 살고 뭉치면 죽는다.'는 말까지 대중이 모이는 장소에 게시되었다.

코로나 이전에는 하루의 일과가 끝나면 동료들과 회식을 하며 담소를 나누고 가끔 노래방에서 가무를 즐겼던 낭만과 즐거움도 있었다. 이제는 일과가 끝나면 가정으로 돌아가야 한다. 가정에서 업무를 해야 하는 재택근무도 점점 확대되고 마트에 가는 일도 줄어들고 장보기는 온라인 주문과 택배로 이루어지고 있다. 생활반경이 가정으로 좁혀지며

답답한 일상을 벗어나기 위한 새로운 삶의 방식들이 나타나고 있다.

교회의 신앙 방식도 변하고 있다. 과거에는 화면에 나타나는 예수의 사진을 향해 기도하면 우상숭배로 간주되었다. 안식일을 생명처럼 지키고 주일을 엄수해야 하는 것은 정언명령 중의 하나였고 이러한 것들은 반드시 교회에서 이루어져야 했다. 그렇지 않으면 신앙인의 의무를 저버리는 것으로 생각했었다. 그러나 코로나19 팬데믹으로 예배, 교육, 친교 등의 사역이 온라인상에서 이루어져야 했다.

코로나19 팬데믹 이후 교인들은 가정에서 이루어지는 온라인 예배에 점점 익숙해지고 있다. 과거에는 교회에 나가지 않는 '가나안'(안나가) 신앙인을 죄인으로 취급했지만 이제는 가나안 신앙인이 보편화되고 있다. 돈독한 신앙인들도 주일에 교회에 나가지 않고 가정에서 비대면으로 이루어지는 예배의 편리함에 익숙해지고 있다. 이제는 신앙생활도 각자도생하는 시대가 되었다. 각자 자율적으로 신앙생활을 하면서 심령을 지키고 성장시켜 나가야 한다.

코로나19 팬데믹 이후 교회에서 예배를 보아야 한다는 상식은 무너지게 되었다. 각자의 선택에 따라 가정에서 화상으로 예배를 보아도 된다. 꼭 대면이 필요한 만남은 소수의 사람들이 거리두기를 실천하며 조심스럽게 교회에서 모인다. 선택적 모임이 사람들에게 익숙해지고 일상화되고 있다. 이러한 상황이 가정교회를 요청하게 되었다.

# 제3장

# 가정교회 출현의 역사적 고찰

진리는 진공상태에서 갑자기 출현하지 않는다. 하나님 나라에 관한 진리는 창조 때 있었던 원형과 이상을 향해 발전해 나간다. 가정교회는 태초에 하나님의 창조이상이었으며 창조 때부터 세워져야 할 교회이다. 인간 조상의 타락으로 인해 교회가 세워진 것이 아니라 본래 하나님의 백성들이 모여 하나님을 모시고, 예배드리고 친교 공동체로서 교회가 존재해야 했다. 아담과 해와의 가정에서 하나님을 부모로 모시고 사랑으로 하나된 자리가 가정교회이다.

그러나 인간 조상의 타락으로 하나님의 이상은 실현되지 않아 아담 가정에서부터 하나님의 구원이 필요하게 되었다. 이때부터 교회는 하나님의 창조 이상을 실현하는 공동체가 아니라 구원의 기관으로서의 교회가 되었다. 따라서 교회란 하나님의 이상을 선취한 백성들의 모임이 될 수 있고 죄인들이 하나님의 구원에 동참하는 공동체도 될 수 있는 이중성을 가지고 있다.

가정교회를 받쳐주는 교회론적 초석은 평신도 신학이라고 할 수 있다. 가정교회의 사역은 성격상 성직자 중심에서 평신도 중심의 교회론을 기반으로 한다. 평신도가 교회의 주인이 되고 평신도 중심의 목회가 되어야 함을 말한다. 이러한 교회론의 이해와 평신도 신학에 대한 관심과 더불어 가정교회가 등장했다.

교회론에 대한 반성과 변화는 평신도에 대한 관심을 갖게 하였다. 로마 가톨릭교회는 이그나티우스(Ignatius, 30?―108)와 시프리안(Cyprian, 200?~258)의 "교회는 감독과 그의 성직자들로 말미암아 구성된다."는 명제 아래 교회적―계급적 교회론이 지배적이었다. 이러한 성직주의 아래에서는 평신도의 설자리가 없었을 뿐만 아니라 교회 밖의 구원은 생각할 수가 없었다. 예배에서 평신도는 수동적으로 참여하는 구경꾼일 뿐이다.

가톨릭의 성직주의에 대한 도전은 16세기 종교개혁에서 이루어졌다. 루터나 칼뱅과 같은 종교 개혁자들이 주창한 "성서로만" "믿음으로만" "만인 사제직"의 주장은 성직주의에 대한 도전이라고 할 수 있다. 이 개혁의 원리는 성직주의 철폐를 의미하는 것이며 교회에서 평신도의 지위와 역할의 회복을 의미한다고 볼 수 있다. 종교 개혁자들의 3대 개혁사상은 가정교회 교회론의 기반이 된다.

그러나 종교개혁에서 "만인 사제주의" 선언으로 평신도의 위치와 권위가 주장되었음에도 불구하고 평신도의 위치는 여전히 하나의 수동적 요소에 불과하였다.[3] 오늘날 개신교 목사의 위치와 역할은 가톨릭의 성직주의에서 크게 개선되지 않았다. 성직자는 이끌고 평신도는 따라가는 체제가 유지되었다.

1960년대 초 크레머의 평신도 신학, 1970년대 깁스와 모오튼의 평신도 해방이, 남미에서 해방신학 등이 등장하며 평신도의 지위와 역할이 다시 강조되었다. 남미에서는 평신도 중심의 기초공동체가 등장하였고, 개신교회에서 는 셀처치, 교회 속의 작은 교회 등이 등장하면서 평신도의 지위가 격상되고 역할이 활성화되었다.

---

3) Hendrik Kraemer, 유동식 역,『평신도 신학』, 서울: 대한기독교 서회, 1979, 87쪽.

평신도는 "하나님의 백성으로서 교회의 본질과 소명으로 말미암아 증거하고 봉사하기 위해 이 세상에 보냄을 받은 자라는 원칙 위에 있다.[4]"성직자뿐만 아니라 평신도도 부름을 받은 자라는 의미이다. 평신도는 세상 속에 흩어져 존재하며 교회와 세계가 만나고 대화를 가능하게 하는 일선에 살고 있다.

평신도는 교회가 세상 속에 들어가 문화를 변화시키고 개혁하는 일의 주체로서의 역할을 해야 한다. 이러한 평신도의 직무를 실현하는 장이 가정교회다. 가정교회는 평신도의 사역의 장이 되고 평신도는 교회 사역의 중심에 있다. 교회의 본질인 전도와 봉사, 친교의 사역을 평신도가 이끌어가는 교회가 가정교회이다.


## 구약시대의 가정교회

아브라함, 이삭, 야곱은 족장들이다. 이들 시대에는 교회에 대한 개념이 없었지만 제단을 쌓고 예배를 드렸다. 이 시대의 제단은 가정을 중심하고 세워졌고 가족을 중심으로 제사를 드렸다. 하나님의 부르심 앞에 가족이 응답하였고 하나님은 가족에게 축복을 허락하셨다(창 12:1—30). 이들 족장들이 드렸던 제사의식은 가정교회 형태로 이루어졌다.

그러나 가정 단위로 쌓았던 제단은 왕국시대가 되면서 성전이 되었고 성전 중심한 제사가 드려지면서부터 성전예배는 순수성을 잃고 제도화되고 형식화되었다. 여기에 맞서 아모스, 호세아, 미가 등의 예언자들은 예배의 개혁을 부르짖었다. 이 예언자들은 제물보다는 정의를,

---

4) 위의 책, 185쪽.

제물보다는 인애를 그리고 신실한 하나님에 대한 신앙을 강조하였다.

가정을 중심한 제단을 벗어나게 될 때 예배는 그 순수성을 잃을 수밖에 없다. 가정을 중심한 예배는 사랑으로 연결된 가족관계에서 드리는 예배이기 때문에 어떤 형식과 개인의 이해관계에 묶이지 않고 순수한 예배를 드릴 수 있다. 그러나 성전 예배에서는 제사그룹이 형성되고 성직자들에 의해 예배에 대한 독점 그룹과 소외된 그룹이 생기게 되어 인간의 권력의지나 개인의 이해관계를 떠난 순수한 예배가 되기 어려웠다.

이스라엘 왕국이 무너지고 백성들이 이방 나라에 포로로 끌려가 정착하면서 성전예배는 무너지고 가정과 회당에서 예배와 교육이 이루어졌다. 그리고 이때부터 교회의 개념이 달라졌다.

구약 성경에서 교회에 해당하는 용어로 카할(קָהָל)과 에다(עֵדָה)가 있다. 70인역의 앞부분에서 카알과 에다는 시나고구(공회)로 번역되었으나 뒷부분에서 카알은 '에클레시아'로, 에다는 '시나고구'로 번역하여 신약성서에서는 구분하여 사용하였다.[5]

'에다'는 택한다는 의미를 강하게 가지고 있고 '택함을 받아 모인 집단'이라는 뜻으로 예배를 드리기 위하여 모이는 장소나 건물을 의미하였다. 따라서 에다는 공회를 의미하는 시나고구로 번역되어 사용하였다. '카알'은 본래 종교적 의미를 가진 하나님 백성의 모임(공동체)이라는 의미가 아니었으나 이스라엘이 멸망하고 다른 나라에 정착하여 디아스포라를 형성하면서 히브리어 '카알'이 종교적 모임(공동체)을 의미하는 말로 사용하게 되었다.[6]

에다나 카알의 의미로 볼 때 구약시대의 교회는 어떤 제도적 교회를 지향하지 않았음을 볼 수 있고 하나님 백성의 모임 자체를 의미했다. 공동체 성격의 모임을 교회라고 부른 것이다. 공동체 성격의 모임은 가

---

5) 이종성, 『교회론 I』, 서울; 대한기독교출판사, 1989, 20쪽.
6) 브르스 라이츠만, 김득중 역, 『교회의 의미와 사명』, 서울: 컨콜디아사, 1981, 13쪽.

제1부 가정교회 교회론   29

족적 일체감을 가진 하나님의 백성들의 모임이다. 따라서 구약시대 후기 유대인들은 성전예배가 아닌 가정예배가 주류를 이루었다. 금요일마다 신앙의 동지들이 모여 빵을 떼고 기도를 드리며 행한 히브리인들의 키두신(Kidushin)식사는 가정교회의 형태의 예배라고 할 수 있다.

## 신약시대의 가정교회

바울 서신에 보면 "그대의 집에 모이는 교회"(몬 2절), "눔바와 또 그의 집에 모이는 교회"(골 4 : 15) 등 집에서 모이는 그리스도인의 모임을 에클레시아 즉 교회라고 불렀다. 바울은 또한 "데살로니가 교회" "갈라디아 여러 교회들" "고린도에 있는 하나님의 교회" 등 다수의 가정교회들로 구성된 모임을 에클레시아라고 불렀다. 한 도시의 그리스도인 모두를 지칭해서 "에클레시아"라고 한 것이다. 여기서 에클레시아는 건물을 말하는 것이 아니라 하나님 나라의 백성들 모임 자체를 말한 것이다.

예수의 십자가 죽음 후 초기 기독교 공동체는 가정과 회당에서 모임을 가졌다. 그러나 기독교가 로마정부와 유대교로부터 이단으로 정죄되면서 그들은 회당에서 예배를 볼 수가 없었고 가정이나 카타콤에서 예배를 드렸다. 신약성서에서 말하는 대부분의 교회는 가정교회를 지칭한 말이다.

예수의 제자들은 예수가 십자가에 달려 돌아가시기 전 약속하신 "다락방에서 유월절을 예비하라"(눅 22 : 12)는 말씀에 따라 다락방에서 모임을 가졌다. 사도행전 2장 1절을 보면 사도들이 오순절 날 어느 가정에 모여 있을 때 성령이 강림하셨는데 온 집에 성령이 가득하였다고 하였다. 성령 강림 이후 이들은 매일 가정에서 모임을 가졌다. 사도행전 2장 44절 이하에서 보여주는 처음 교회의 모습은 가정교회의 원형이 된다.

> "재산과 소유를 팔아 각 사람의 필요를 따라 나눠주고 날마다 마음을 같이 하여 성전에 모이기를 힘쓰고 집에서 떡을 떼며 기쁨과 순전한 마음으로 음식을 먹고 하나님을 찬미하며 또 온 백성에게 칭송을 받으니 주께서 구원받는 사람을 날마다 더 하게 하시니라."

이러한 가정교회 형태가 4세기 초기까지 계속되다가 기독교가 국가로부터 공인을 받고 제도화되면서 가정교회의 순수성과 열정이 식게 되었다.


## 중세 시대의 가정교회

주후 312년 콘스탄티누스 대제가 기독교로 개종하고 밀라노 칙령을 선포하며 기독교를 국교로 공인했다. 예수 그리스도의 십자가 죽음 후 수세기 동안 박해에 시달려 왔던 그리스도인들은 그를 구원자로 환영하였다. 이후 예배 장소는 가정에서 성당으로 바뀌게 되었고 제도는 성직주의와 성례주의로 전환이 되었다. 성직자만이 미사를 집전할 수 있는 자격을 갖게 되었고 예배는 성례전 중심으로 전락하였다.

성직주의와 성례전 중심 가톨릭의 사역에서 평신도들은 소외되는 결과를 낳게 되었다. 성스러움은 조화와 균형이 있는 것을 말한다. 그러나 성스러운 예배가 성직자와 평신도를 구분하고 예배는 율법적이고 제의적인 형식으로 바뀌게 된 것이다. 제도와 형식은 사람을 위해 존재해야 하지만 오히려 사람들이 이러한 것들을 위해 존재하는 것처럼 보였다.

급기야는 주후 380년 테오도시우스(Theodosius) 주교와 그라티안(Gratian) 주교에 의해 교회는 국가가 인정하는 가톨릭의 신조, 정통교리만 존재하도록 명령하였다. 모든 로마 시민들은 가톨릭의 교인이 되어야 하고, '믿음의 법'(Lex Fidei)을 믿도록 강요하였다. 이때부터 가정교회를 포함한 다른 모임과 운동들은 법적으로 금지되었다. 가정교회의 모임이 불법이었고 이러한 모임은 이단으로 정죄하였다.

이런 와중에 4세기 스페인 귀족 프리실리안(Priscillian)은 국가가 공인하는 사제 제도와 율법적이고 형식적인 예배에 대하여 반기를 들었다. 스페인과 프랑스의 많은 사제들이 프리실리안 운동에 동참하여 '형제단'이라는 작은 공동체를 만들어 가정에서 예배드리고 세례를 베풀었다. 물론 정통교회 가톨릭은 이를 받아들일 수가 없었다. 정통교회는 형제단 운동에 참여한 프리실리안과 그의 형제들을 독일의 트리어에서 사형을 시켰다.

이후 가톨릭이 지배하던 16세기 종교개혁기까지 중세 암흑시대가 열리게 되었다. 이 시기에는 가톨릭 교리에 반하는 어떤 새로운 사상과 운동도 용납되지 않았다. 새로운 사상이 있었다면 중세 암흑기 은둔처 수도원에 거하는 성직자들에 의해 주창된 스콜라 철학 정도였다. 스콜라 철학은 가톨릭에 의해 파괴된 영성을 되살리려는 운동으로 볼 수 있다.


## 종교개혁기의 가정교회

중세 초기 가톨릭교회가 제도화되면서 그들이 지향했던 성직주의와 성례전주의는 평신도를 소외시켰고, 예배는 성직자가 구원을 파는 미사와 같은 것이 되었고 사적 예배가 발달하여 미신적인 요소가 예배 안에 침투하게 되었다. 가톨릭의 미사는 예수 그리스도의 예배 정신과는 먼 형태의 율법적이고 형식적인 것이었다.

이러한 가톨릭의 부조리와 부정에 대해 루터는 종교개혁 95개 조항을 들고 나왔다. 이 95개 조항은 미사에 관한 것이 핵심적인 내용이었다. 루터, 칼뱅, 츠빙글리 등 종교개혁자들의 개혁 이상은 초대교회 정신으로 돌아가자는 것이었다. 그들이 주장한 "믿음으로만" "성서로만" "만인성직론" 등 3대 개혁 정신은 가정교회 안에서만 구현될 수 있을 것이다.

종교 개혁자를 대표할 수 있는 루터나 칼뱅은 개혁 노선이 보수적이고 온건한 입장이었기 때문에 가톨릭교회를 유지하며 개혁하려고 하였다. 감독 중심적이고 제도적인 가톨릭교회를 유지하려는 입장이었기 때문에 그들의 종교개혁 방향에 가정교회와 같은 교회 형태는 고려되지 않았다.

종교 개혁자들 가운데 가정교회 형태의 교회를 세운 단체가 급진적 개혁을 주장하였던 재세례파다. 재세례파는 "자기의 의지대로 세례를 받은 것이 아닌 유아세례는 무효이고 성인이 되어 다시 세례를 받아야 한다."고 주장하였다. 이러한 주장은 당시 가톨릭이나 다른 개혁주의자들이 주장하는 교리와 다르기 때문에 이단으로 정죄되어 박해와 순교를 당하였다.

재세례파들의 예배형태는 교리의 특징을 볼 때 기존의 제도적 교회에서는 구현될 수 없었다. 그들은 박해를 피해 다니며 예배를 보아야 했기 때문에 가정교회의 형태를 유지할 수밖에 없었다. 신학자 웨버(Robert E. Webber)는 재세례파의 예배에 대하여 다음과 같이 설명하고 있다.

"재세례파는 기존의 예배의식들을 배척했을 뿐만 아니라 공식적인 공중 예배의 필요성까지도 거부하였다. 그들은 참된 교회가 매일같이 하나님과 동행하는 것을 가장 중요하게 여기는 사람들 , 곧 순종하며, 고통받는 사람들로 구성된다는 확신을 가지고 있었다. 이러한 하나님과의 동행은 기독교인들이 기도와 성경읽기, 권면, 그리고 가정의 비공식적인 분위기에서 갖는 주의 만찬 등을 위하여 모일 때 절정에 이르렀다."7)

종교개혁 이후 개신교 예배는 여러 형태로 갈라지게 되었다. 이 중에서 예배의 경험을 강조한 모라비안 및 부흥운동 등 경건주의자들의 예배는 가정교회 예배 형태에 가장 큰 영향을 줄 수 있는 신학적 관점과 실천을 가지고 있다. 그들은 고정된 순서의 예배보다는 비형식적인 예배를 강조하였고, 가정에서 자주 모여 마음 중심으로 기도를 하였으며 모든 참석자들에 의한 자유로운 성경강해가 중심 활동이었다. 예배의 개인적인 경험에 초점을 맞추었으며 그것을 개인적인 삶 속에서 엄격하고 윤리적인 실천으로 연결시켰다.

요한 웨슬레(John Wesley)의 부흥운동은 개인의 경험을 강조하는 예배를 발전시킨 운동이다. 웨슬레의 참회기도와 부흥운동은 은 종교개혁 후 가정교회 운동의 출발점이라고 할 수 있다. 부흥운동은 매일 기도하고 말씀을 가르치는 일을 회심한 평신도들에게 맡겼다. 그리고 이러한 사역들을 교회로부터 가정으로 옮겨 아버지가 그 가정의 목회자 역할을 담당하게 하였다.8)

요한 웨슬레의 부흥운동으로부터 출발한 소집단 운동은 가정교회라는 명칭으로 출발한 것은 아니다. 가정에서 평신도 중심으로 모이며 소그룹 단위로 말씀을 공부하고, 기도와 예배를 드리는 모임이었기 때문

---

7) Robert E. Webber, op. cit., 77쪽.
8) Robert E. Webber, *Worship-Old & New*, Michigan: Zondervan Coporation, 83쪽.

에 가정교회 형태의 교회라고 할 수 있다. 제도화되고 의식화된 영국 국교회는 그리스도인 간에 충분한 교제가 이루어지지 못하였다. 따라서 메소디스트(Methodist) 라고 불리던 열렬한 신앙인들에게는 성도의 교제와 엄격한 신앙생활을 위해 소집단 모임이 필요하게 되었다.

웨슬레에 의하여 만들어진 소집회는 영국 국교회로부터 독립된 교회가 아니고 영국교회 안에서의 영적인 작은 교회라고 할 수 있다. 영국 교회는 웨슬레의 작은 모임을 교회로 인정하지 않았다. 웨슬레는 그가 이끄는 소모임을 '교회 속의 작은 교회'라고 하였다. 이 모임을 교회라고 하는 것은 "교회는 신자들의 모임"이라는 교회의 정의에서 볼 때 타당하다.

요한 웨슬레가 조직하여 직접 관리 운영하였던 소집회 제도는 "초대 교회의 제도를 되살리는 것이고, 성경적 성결을 온 세계에 전파하는 방법이었으며, 이를 통한 성결의 증진이 그 목적이었다." 즉 작은 교회를 통하여 제도화되고 형식화된 교회를 갱신하고자 하는 의도가 있었다.[9] 웨슬레에 의하여 구성된 교회 안의 작은 교회는 신도회, 속회, 조, 선발 신도회, 참회자 반으로 구성되어 있다.

---

9) 박승로, 『가정교회』 서울: 도서출판 세복, 64쪽.

# 제4장

# 현대교회의 대안 교회

## 이머징 교회

### 이머징 교회의 출현

교회의 본질은 변하지 않지만 교회의 형태는 당시대의 문화와 공존한다. 포스트모더니즘은 현대인들의 사고와 문화를 지배하고 있다. 따라서 교회의 형태도 포스트모더니즘의 영향을 받지 않을 수 없다. 포스트모더니즘은 모더니즘의 절대주의, 객관적 개념 등에 기반하여 이성주의에 대한 총체적 의심이고 이데올로기를 거부한다. 이러한 사상의 영향에 따라 종교도 상대주의, 신의 내재성, 주관주의 등을 내세우며 탈 모더니즘 또는 후기 모더니즘을 지향한다.

현대 사상과 문화의 영향에 따라 교회도 여러 형태로 나타나고 있다. 전통을 고수하려는 정통 보수주의, 현대 문화와 정통주의를 통합하려는 신정통주의, 정통과 전통을 거부하고 그 시대 문화를 수용하는 진보주의 교회 형태를 띠고 있다. 이들이 지향하는 이념에 따라 교회의 형태와 목회의 방향도 여러 형태로 갈라진다.

정통과 진보, 신의 초월성과 내재성, 성스러운 영역과 세속적인 영역

등을 통합하려는 경향의 교회들이 이머징 교회다. 이머징 교회는 이념과 교파를 중요시하지 않는다. 오직 그리스도를 통해서만 구원이 이루어진다고 생각하지 않는다. 그리스도는 어느 교파에도 속하지 않고 단지 세상을 하나님의 나라로 회복하기 위해 오신 분으로 믿는다.

이머징 교회는 우주적 신관과 우주적 메시아관을 갖는다. 세상은 다 하나님의 나라 영역이며 세상 사람들은 하나님의 백성이다. 하나님은 교회 안에만 존재하시지 않고 세상 속에 사람들과 함께 하시는 하나님이다. 하나님의 통치와 사랑이 함께하는 곳이 교회다. 하나님의 백성으로 하나님께 기쁨과 영광을 돌리기 위해서는 대중문화와 성스러운 교회문화를 구분할 필요가 없다고 본다.

이머징 교회 신학은 가정교회 교회론을 구성하는 자원이 된다. 이머징 교회처럼 가정교회는 특정한 이념에 묶이거나 어느 교파에 소속되지 않는다. 하나님의 말씀 안에 거하는 사람은 하나님의 백성이다. 하나님의 계명 "서로 사랑하라"를 지키는 사람들이 모인 곳이 교회다. 말씀 안에서 사는 하나님의 백성들의 삶 자체가 예배이고, 그들의 삶에 초대하는 것이 선교이며, 서로 나누고 섬기는 것이 봉사하는 삶이다. 이러한 교회를 지향하는 이머징 교회는 가정교회가 출현하기 위한 전조가 된다.

## 이머징 교회의 역사

1990년대 이후 이머징 교회(Emerging Church)는 새로운 교회의 트렌드로 떠오르고 있다. 포스트모더니즘이 등장하고 사람들의 의식과 삶의 양태가 달라지면서 교회도 달라져야 한다는 생각들이 팽배해지면서 근대 교회를 계승한 현대 교회의 대안으로 이머징 교회가 출현한 것이다. 따라서 포스트모더니즘의 의미를 새겨보면 이머징 교회가 주창하는 사상과 지향점을 알 수 있다.

1990년대 서양교회에서는 포스트모더니즘을 수용할 것인지 배척할 것인지에 대한 논쟁이 벌어졌다. 복음주의에 반하는 포스트모더니즘 사상과 문화를 배척할 것인지 아니면 수용할 것인지에 대한 논쟁이다. 여기에 영국의 데이브 톰린스(Dave Tomlinson)의 Post-Evangelical(포스트복음주의)라는 책이 논쟁의 기름을 붓게 되었다. 이 책에 대하여 톰린슨이 주장한 복음주의는 기존의 복음주의를 포함한 광폭의 새로운 복음주의라는 것이다. 벤 에드슨(Ben Edson)은 포스트라라는 의미를 '탈 복음주의'로 번역하기보다는 '열린 복음주의'로 번역하는 것이 더 타당할 것이라고 말하였다.

이머징 교회의 저자 에디 깁스(Eddie Gibbs)는 포스트 복음주의 의미를 post of anything(어떤 것)이 되는 것이 아니라 'post and anything(포스트와 어떤 것)이 되는 것이라고 하였다. 즉 복음주의, 은사주의, 자유주의, 정통주의, 명상적, 사회정의 등에 기반한 대안 예배에 관심을 갖는다고 하였다. 깁스의 이 설명이 바로 이머징 교회(Emerging Church)가 어떤 교회인가를 말해주고 있다.

이머징 교회 운동은 영국에서부터 시작되었다. 영국의 성공회는 전통적인 가톨릭과 개혁적인 개신교를 통합한 사상과 목회 형태를 갖고 있기 때문에 비교적 새로운 문화에 대하여 수용적이다. 따라서 이머징 교회의 사상과 운동이 영국에서 출발하게 된 것은 당연하다. 그러나 이머징 교회가 교회 속의 작은 교회 운동으로 수용되기에는 한계가 있다. 영국의 성공회 안에서 은사적이며 자유주의적이고 명상적인 예배를 수용한다는 것은 쉽지 않았다. 전통적인 영국 교회의 목회방향과 지도체제 안에서 갈등과 충돌이 있을 수밖에 없었다.

미국 또한 마찬가지다. 1990년대 열린 예배(Seekers Church)가 유행하던 전통적인 복음 전도와 새신자를 위한 축제와 같이 열정적이고 동적인 열린 예배 안에서 정적이고 명상적인 예배를 수용할 수 있는 공간이 허락되지 않았다. 열린 예배는 새로운 사람들을 동화시키기기 위한 당시의 문화를 수용한 예배다. 그러나 이머징 교회 예배는 전통적인 초대교회 분위기와 명상적인 분위기에서 하나님과 나와의 합일을 경험하고자 하는 예배를 추구한다.

이머징 예배는 '교회 안의 교회'에서 이루어지기 어려운 점이 있다. 자유롭고 새로운 경험을 추구하는 교회 사역에 목회자가 들어가 통제할 수 있는 공간이 없다. 이머징 교회가 기존의 복음주의 교회와 한 지붕 아래서 공존하기에는 많은 장벽이 있다. 영국에서는 교회 안의 분리된 한 공동체로 공존하며 청년회 예배 등에서 이머징 예배를 실험적으로 실시하고 있으나 미국에서는 독립된 공동체로 존재하는 교회로서 미국 전역에 확장되고 있다.

## 이머징 교회의 신학

어떤 존재에 대한 명칭은 그 존재의 정체성을 말해준다. 그 존재의 목적이 무엇이며 그 존재가 무슨 일을 해야 하는 것을 지시해 준다. 장로교회란 원로들에 의한 민주적인 교회 운영이라는 의미가 담겨있으며 감리교회의 'Methodist Church'는 열정적인 복음을 전달하는 교회라는 의미가 담겨있다. 또한 침례교회 'Baptist Church'는 세례가 교회의 핵심 사역이라는 의미가 담겨있다.

이머징 교회란 이름도 마찬가지다. 이머징이란 이미지 안에 교회의 정체성과 교회 사역의 방향이 담겨있다. 이머징을 한국어로 번역하면 '떠오르는' '새로운' '창발성' '신흥' 등의 의미가 담겨있다. 그러나 한국에서 '이머징'이란 말을 번역하지 않고 영어 그대로 이머징 교회라고 사용하고 있다. 한국어로 번역하면 '이머징'의 통합적이고 미래지향적인 교회의 의미를 포괄하기 어렵기 때문에 영어 표현 그대로 이머징 교회라고 사용한 것 같다.

이머징 교회를 주창자 사람 중 한 사람인 마크 스칸드렛(Mark Scandrett)은 이머징 교회는 통합적이고 전체적인 신앙생활에 대한 탐구로서 하나님 나라의 삶, 내적인 삶, 친교 공동체, 정의 실현, 환경 보전, 포용성, 영감적 리더십 등을 지향한다는 의미를 포함하고 있다고 설명한다. 전체적으로 이머징 교회는 통합적 영성에 대한 탐구라고 정의할 수 있다. 『이머징 교회』의 저자 깁스는 이머징 교회란 포스트모던 문화를 기반으로 한 '예수 그리스도의 길을 실천'하는 공동체로 정의한다.

한스 킹의 주장처럼 '교회의 본질은 변하지 않지만 시대에 따라 교회의 형태는 달라져야 한다.' 교회는 그 시대의 문화를 등질 수 없기 때문이다. 교회는 그 시대의 문화와 함께 존재하면서 그 문화를 개혁하는 주체가 되어야 한다. 교회의 본질은 하나님이 창조 때부터 계획하신 '하나님의 나라'의 구현이다. 하나님의 나라는 인간의 내적인 변화와 외적인 문화의 개혁에 의해 가능하다.

이머징 교회 역시 '하나님의 나라 구현'이라는 본질은 그대로이다. 다만 각 시대의 문화 속에서 하나님의 나라 형태를 달리해야 한다. 따라서 이 시대를 대표하는 포스트모더니즘을 기반한 교회가 되어야 한다. 여기서 '포스트 포스트모더니즘'은 포스트모더니즘을 부정해야 한다는 의미와 포스트모더니즘을 계승해야 한다는 의미의 변증법적 사고와 행위를 말한다. 어떻게 포스트모더니즘의 사고와 문화 안에서 하나님의 나라를 구현할 것인가를 추구하는 교회가 이머징 교회다.

포스트모더니즘을 수용하고 부정하는 변증법적 상황에서 하나님의 나라 구현을 위한 예배, 전도, 교육, 봉사 등의 모든 목회 영역에서 변화와 창조가 이루어져야 한다. 모더니즘의 기반과 포스트모더니즘의 변증법에서 이머징 교회의 목회 방향과 방식이 바뀌어야 할 것이다. 절대주의와 상대주의의 변증법, 신의 초월성과 내재성의 변증법, 성(聖)과 속(俗)의 변증법, 전통과 새로움의 변증법 등이 새로운 교회의 모형이 되어야 할 것이다.

깁스는 이머징 교회는 포스트모더니즘 문화에서 하나님의 나라 구현을 위해 (1) 예수 그리스도의 삶을 따라하고 (2) 세속의 문화를 변화시키며 (3) 고도의 공동체적 삶을 살아야 한다고 하고 그리고 이러한 삶의 실천 위에서 (4) 낯선 이들을 영접하고 (5) 아낌없이 봉사하며 (6) 생산자(프로듀서)로 참여하고 (7) 창조된 존재로서 변화하며 (8) 하나의 몸으로서 인도하고, (9) 영성 활동에 참여해야 한다고 한다.


## 이머징 교회 교회론

이머징 교회의 본질은 복음주의 전통에서 말하는 하나님의 나라 구현이다. 나무뿌리에 새로운 가지를 접목하면 새로운 줄기가 나와 열매를 맺듯이 기독교의 본질 위에 포스트모더니즘을 접목한 새로운 교회 형태가 이머징 교회다. 이머징 교회는 포스트모더니즘 빛으로 조명된 새로운 교회상을 보여주고 있다. 그 특징을 보면 다음과 같다.

### 종교 다원주의적 접근

서양에서는 이머징 교회에 앞서 유행하였던 열린 예배가 복음주의 예배를 흔들어 놓았다. 열린 예배는 'Seekers Church'의 한국어 번역이다. 'Seekers Church'는 새로운 신자들에게 기독교에 대한 호기심과 관심을 끌기 위해 만들어진 축제적 예배의 성격을 갖고 있다. 락뮤직(rock Music)에 댄싱이 함께하는 열광적 예배로 카타르시스와 엑스타시를 경험한다. 그러나 열린 예배에서 소외감을 느끼는 교인들도 있다. 고요한 가운데 하나님의 말씀을 경청하는데 익숙해진 신도들에게 열린 예배는 낯설게 느껴진다. 새신자에 초점을 맞춘 열린 예배에서 기성 신도들은 이방인처럼 느껴지는 것이다.

기독교인들 가운데 동양의 정적이고 고요한 명상을 도입한 예배에 관심을 갖는 구도자들이 증가하면서 개신교의 큐티(Quiet Time), 가톨릭의 향심기도와 같은 모임에 관심이 높아졌다. 종교 간의 벽을 넘어서 타종교 전통을 기독교 예배 가운데 받아들이게 된 것이다. 이머징 교회가 바로 이러한 발상에서 시작된 교회다. 종교의 형식은 그릇이고 그 그릇에 종교의 내용을 담는 것이다. 기독교도 타종교의 형식을 차용하여 기독교 내용을 그릇에 담는 것이다.

이머징 교회는 하나님의 구원이 기독교에만 있다고 믿지 않는다. 하나님의 뜻 가운데 하나님의 나라의 문화 안에 살게 되면 그 자리에 구원이 있다고 믿는다. 따라서 타종교 문화의 수용을 거부하지 않고 타종교의 문화 안에서도 하나님을 만날 수 있다고 믿는다. 현재의 문화를 등지는 것이 아니라 현재의 문화에 하나님의 나라를 접목하여 성령의 열매를 맺게 하는 것이다.

## 성과 속의 통합적 접근

모더니티 교회는 성과 속을 철저하게 분리하였다. 교회 안에 세속적인 사고방식, 세속적인 공간이나 시간, 세속적인 활동들이 유입되는 것을 차단하였다. 이머징 교회는 이러한 이원론적 사고를 거부한다. 이머징 교회는 삶의 모든 것이 성스럽고 우리의 모든 삶에 하나님의 뜻과 관심이 담겨있다고 믿는다.

우리의 삶은 본래 성스러운 것이지만 악으로 가려져 있다. 성스러운 것을 가리는 악을 걷어내면 바로 성스러움이 드러나는 것이다. 성육신이란 바로 이 악을 걷어내고 성스러운 마음과 몸이 되는 것이다. 포스트모더니즘의 사고는 초자연과 자연, 공적 가치와 개인적 가치, 정신과 물질, 이성과 감성, 힘과 사랑 등의 이원론을 거부한다. 교회가 거부하였던 세속적인 가치와 문화를 교회 문화에 흡수하게 되었다. 포스트모더니즘의 문화에서는 우리 삶의 모든 것이 성스럽고 경이롭다는 생각을 한다. 이머징 교회는 이러한 포스트모더니즘의 문화를 수용한다. 세속 문화에 대한 수용과 교회 문화와의 통합이 이머징 교회의 선교, 교육, 예배, 봉사 등 목회 전반에 적용된다.

기존의 모더니티 교회에서는 세상은 사탄이 통치하는 곳, 교회는 하나님이 통치하는 곳이라는 이분법적 생각을 하였다. 몸은 사탄에 속하고 마음은 하나님에 속한 것이라는 믿음을 가졌다.(로마서 8장 5절) 이머징 교회는 몸과 마음의 이원론을 거부한다. 몸의 건강이 정신의 건강을 가져오고 정신의 건강이 몸의 건강을 가져온다는 평범한 진리를 받아들인다. 예배에서 몸으로 표현하는 형식과 영성적 표현을 같이 사용한다. 이를 위해 이교적이고 배타적이었던 요가, 명상 등을 예배에 수용하고 있다. 이머징 교회에서는 세속적이라고 거부하였던 대중문화, 토착문화를 수용하고 있다. 모더니즘에서는 대중문화를 사탄이 지배하고 있다고 생각하지만 이머징 교회는 대중문화 안에도 하나님이 함께 할 수 있다고 믿는다. 대중문화에도 하나님을 기쁘고 영광스럽게 하는 상징들이 담겨있다고 믿는다. 대중문화를 통해 예배를 표현할 수 있고, 하나님의 뜻을 교육하며, 대중문화로 선교할 수 있다고 생각한다. 목회 활동에서 하나님이 함께하는 대중문화와 토착문화로 표현될 때 이웃에게 낯선 교회가 되지 않는다. 카페에 친구를 데리고 가듯이 이질 감 없이 이웃을 교회에 데려가기 위해서는 교회가 대중문화와 토착문화를 수용할 수 있어야 한다.

## 초월과 내재를 통합한 영성

정통주의 신학에서는 하나님의 초월성을 강조하고 자유주의에서는 하나님의 내재성을 강조한다. 초월 신관은 인간이나 물질적인 실재 밖에서 하나님을 경험할 수 있다는 견해이고, 내재적 신관은 자연과 인간 안에서 하나님을 경험하게 된다는 견해이다. 어떠한 신관을 갖는가에 따라 신앙의 형태가 다르다. 초월 신관을 갖는 사람들은 인간의 노력과 책임 여부와 관계없이 신은 인간에게 찾아오시고 통치하신다고 믿는 반면 내재적 신관은 인간의 노력과 책임으로 신을 만날 수 있고 우리의 삶에서 그를 경험할 수 있다고 믿는다. 초월 신관은 계시로서의 성서, 예수 그리스도의 신성, 하나님의 은총에 의한 구원을 강조한다. 반면에 내재적 신관은 자연과 우리의 삶 속에 하나님의 신성과 능력이 드러나면 경건한 삶에서 그의 신성과 능력이 경험될 수 있음을 믿는다.

어떤 신관을 갖는가에 따라 신앙의 양태가 달라지고 목회의 방향이 달라진다. 초월 신관에 기반한 목회에서는 성서의 계시성을 믿으며 성과 속을 분리하고 사람들과의 관계성에 소홀할 수 있다. 따라서 초월 신앙자들은 오로지 개인 구원에 매달릴 수 있고 이러한 믿음에서 하나님의 예정과 선택 안에 들어올 수 있기 때문이다. 반면에 내재성에 대한 믿음을 갖는 신앙은 하나님의 타자성과 초월성이 무시될 수 있고, 하나님과 함께 산다는 믿음에서 신앙생활의 성과 속이 애매해 질 수도 있다.

포스트모더니즘에 기반한 이머징 교회는 하나님의 초월성과 내재성의 양자택일을 거부한다. 그들은 보주주의자도 자유주의자도 지지하지 않는다. 하나님은 보이지 않으시고 초월하심을 인정하며 세속 안에서 활동하심도 인정한다. 물리적 공간 안에는 성과 속이 공존하며 하나님으로부터 선택받은 사람과 스스로 하나님을 선택한 사람들이 공존한다. 이러한 믿음 안에서 삶으로 세상을 하나님의 나라로 가까이 다가가도록 한다.

따라서 선교, 교육, 예배, 봉사 등의 목회 사역에서 장소나 시간이 분리되어 있지 않다. 삶 자체가 선교이며 예배이다. 물론 우리의 삶 속에 내재하시는 하나님에 대하여 더 깊이 감지하고 경험하고 싶은 마음에서 때로는 선교활동이나 예배에서 특별한 시간과 형식을 가질 수 있다. 예배나 선교에서 거룩함을 표현하는 상징을 통해서 하나님의 성스러움과 신비에 더 가까이 다가갈 수 있기 때문에 거룩한 장소와 시간을 분리해 놓을 수 없으며 이러한 과정에서 세상은 점점 더 하나님의 나라에 가깝게 된다.

## 이머징 교회 목회의 방향

포스트모던 문화의 핵심은 절대적 이념과 신념이 상대적이며, 이성적 논리와 당위성이 감성과 공감의 문화이며, 초월적인 하나님이 역사와 우리들의 삶에 내재하는 것으로 이해한다. 성과 속의 경계선이 없어 성스러움 속에 세상이 있고 속세에 성스러움이 있다. 이러한 포스트모던 이념이 하나님을 부정하거나 교회의 필요성을 부정하는 것은 아니다. 문화 안에 하나님이 함께할 수 있고 하나님의 주도적인 통치가 필요함을 주장하는 것이다. 포스트모더니즘(postmodernism)의 포스트(post)는 말은 벗어남을 의미하는 '탈 포스트모더니즘'이 아니라 계승 발전한다는 '후기 포스트모더니즘'이라는 말이 더 적절한 표현이다. 이러한 문화의 유산 아래 어떻게 교회가 존재하고 사명을 수행할 것인가를 고려해야 한다. 그 문제는 예수가 비유로 사용했던 접붙임의 원리를 적용할 때 쉽게 이해할 수 있다.

과일 나무를 접목할 때 줄기를 베어 버리고 뿌리 위 밑동 부위에 품질 좋은 나뭇가지를 접목시키면 맛이 좋은 열매를 맺게 된다. 돌감나무에 참감나무 가지를 접목하게 되면 돌감나무에서 크고 맛있는 감이 열리게 된다. 교회도 마찬가지로 참감나무인 그리스도 예수께 세속의 인간들을 접목하는 것이 선교다. 접목을 통해 세속의 인간들이 하나님 나라의 백성이 된다. 그리고 하나님의 백성들의 공동체 곧 하나님의 나라가 이루어진다.

선교는 사람들이 세상을 부정하고 세상으로부터 탈출하게 하는 것이 아니다. 그들을 세상의 죄악으로부터 구원하는 것이며, 하나님의 나라에서 평화와 행복을 구가할 수 있도록 하는 것이다. 하나님의 주권, 하나님의 백성, 하나님의 문화를 만드는 일에 동참케 하는 것이 선교다. 전도는 단순히 개인을 찾아가 말씀을 전하는 것이 아니라 하나님의 나라 백성들의 삶에 초대하는 것이다. 선교는 하나님 백성들의 자유, 평화, 행복의 공동체에 구도자들을 초대하는 것이다.

예배란 하나님의 나라에 초대된 백성들이 나를 구원하신 하나님에 대한 감사로 응답하는 행위이며 하나님의 나라 백성들이 함께 축하하는 행위이다. 예배는 신앙인의 의무나 책임이 아닌 하나님의 백성들이 누리는 특권이다. 하나님께 기쁨과 영광을 돌리는 행위이다. 하나님께 기쁨과 영광을 돌리기 위해서는 예배에 동참한 사람들이 먼저 기쁘고 행복해야 한다. 예배 시간에만 기쁘고 행복한 것이 아니라 우리들의 삶 자체가 기쁘고 행복해야 한다. 이러한 삶이 바로 예배드리는 삶이다.

종교교육이란 사람들을 하나님 나라의 백성으로 성장시키는 것이다. 하나님 나라 백성으로서의 삶의 자세를 훈련하여 하나님의 자녀로 성장하게 하는 것이 교육이다. 종교교육은 이성과 감성과 영성으로 접근해야 한다. 하나님의 뜻을 알기 위해서 이성적인 접근을 해야 하고, 하나님의 사랑을 알기 위해서 감성적으로 느껴야 하고, 하나님과 함께 하는 삶을 위해서 영성적으로 접근해야 한다. 이를 위해서 어떤 커리큘럼이나 프로그램이 아닌 종교적 경험을 하도록 환경과 분위기를 조성하고, 그리스인의 바른 삶을 보여주고 동참하게 하는 것이 교육이다. 물론 공과와 같은 정규 커리큘럼도 중요하지만 하나님 나라의 삶에 동참하게 하여 직접 느끼고 경험하게 하는 것이 중요하다. 하나님의 나라 백성으로서의 바른 삶 안에 무형의 커리큘럼이 있는 것이다.

봉사란 '한자어 '奉事'의 의미가 나타내는 것처럼 '사람을 섬기는 일'이다. '위하는 삶을 의미하는 것이다. 봉사는 하나님의 명령이나 신앙인의 의무로 하는 행위가 아니다. 그리스인의 삶 자체가 봉사이어야 한다. 상대를 기쁘게 하고, 상대의 고통을 함께 나누고, 상대의 행복을 위해 배려하는 것이 봉사다. 최선의 봉사는 상대를 괴로움과 고통으로부터 벗어나게 해주는 것이다. 상대의 괴로움과 고통의 시간에 친구가 되어주고 희망을 심어주는 것이다. 하나님의 나라 백성들의 사역에 동참하게 하는 것이 봉사다. 이를 위해 복음을 전하는 일이 최선의 봉사일 것이다.


## 자아실현교회(Self Realization Fellowship)

필자는 2000년도 초 캐나다 토론토에 2년간 거주할 때 가끔 다운타운에 소재한 자아실현 교회(Self Realization Fellowship) 명상 예배에 참석한 경험이 있다. 'Self realization Fellowship'을 '자아실현 협회' 혹은

'자아실현교회'로 번역할 수 있다. 필자가 경험한 바에 의하면 '자아실현 교회'로 번역하는 것이 옳다고 본다. 그들은 하나님 이름으로 기도하고 모임을 갖기 때문이다.

이 교회의 이념은 세계동포주의를 지향하고 있다. 인류는 하나님 아래 한 형제라는 것이다. 따라서 교파를 초월하는 종교다원주의와 초종교적 교회를 지향한다. 이를 반영하듯이 강단에 예수, 석가, 마호메트, 요가난다 등 성인들의 존영이 게시되어 있다. 예배는 요가, 찬트 음악, 명상, 설법 등 초종교적이고 통합적인 형태를 띠고 있다. 필자가 이 교회 예배를 경험하면서 미래 교회의 예배 형태를 예측해 볼 수 있었다. 미래의 교회는 초종교적이고 연합적이 교회이며 미래 교회의 핵심 사역은 종교간 연합하여 인간의 몸, 정신, 영혼을 치유하는 것이 될 것이다. 이 책에서 자아실현교회를 소개하는 것은 이 교회 형태가 가정교회의 전형이 될 수 있다는 생각에서다.

## 자아실현교회 설립 배경과 이념

자아실현교회는 1920년도 인디안 스와미 파라만사 요가난다 (Paramahansa Yogananda, 1893─1952년)에 의해 미국에서 시작되었다. 자아실현교회가 지향하는 핵심 가치는 인간의 아름다움, 존엄, 신성을 계발하고 표현하는데 있다. 요가난다 가르침의 핵심은 기쁘게 살고 사랑하는 법이다. 기쁘게 살고 사랑하는 법을 통해 지구촌 가족 공동체를 만드는 것을 이상으로 한다. 이러한 공동체를 구현할 때 이 땅에 평화와 행복의 세계를 실현할 수 있다고 믿는다. 기쁘게 살고 사랑하는 법의 기반은 크리야 요가다. 크리야 요가는 호흡, 아사나, 만트라 명상 행법과 묵상과 명상으로 구성되어 있는데 이러한 요소들을 예배 표현의 요소로 삼고 있다. 예배는 목요일과 일요일에 드리는데 형식은 요가 명상을 기반으로 하였다.

자아실현이란 자신의 인격 통합을 성취한다는 의미이다. 여기서 실현이라는 말은 현실화(Actualization)라는 의미보다 깨달음 혹은 자각의 성취(Realization)라는 의미에 가깝다. 수행에 의해 자신을 아는 것이고, 자신을 변형시키는 것이고, 자아(ego)로부터 초월하는 것이다. 자아초월을 경험하기 위해서 수행을 통한 절정 체험(peak experience)을 중요시하고 있다.

자아실현교회는 인생의 궁극적 목적인 자아실현을 위해 하나님과 합일을 추구한다. 하나님과 합일을 위해 요가 행법과 명상을 수행한다. 이 교회에서는 요가 명상을 통해 활력적인 삶을 살도록 가르치고 훈련한다. 활력적인 삶을 통해 행복한 결혼과 가족에 대한 사랑, 일에 대한 창조적인 성공, 가정과 사회에 대한 봉사로 평화로운 인류 공동체 실현을 목적으로 하고 있다. 이러한 활동은 몸, 마음, 영혼의 치유를 위한 사역이다.

## 자아실현교회의 초종교 명상예배

필자가 자아실현교회에 관심을 갖게 된 것은 초종교 형태의 명상을 기반으로 한 예배 형식 때문이다. 크리야 요가를 적용한 것으로 동작, 집중, 명상 등을 혼합한 형식을 차용하고 있다. 신학과 불교 명상을 전공한 필자로서 평소에 실현해 보고 싶은 초종교 형태의 예배를 이 자아실현교회에서 경험하였다.

예배당이 그렇게 성스러운 분위기는 아니었지만 실용적으로 꾸며진 것 같다. 일어서서 기체조 혹은 요가를 할 수 있도록 널찍하게 의자를 놓았고 예배당 앞에는 6명의 성인 초상화가 걸려 있었다. 중앙에 예수와 석가모니의 초상화가 있고 양 옆에 바가반 크리슈나, 요가난다 등의 성인들 초상화가 걸려 있는 것이 이색적이었다. 이들 초상화에서 자아실현교회가 초종교를 지향하고 있음을 알 수 있었다.

예배의 첫 순서는 '원기충전 체조'로 서서하는 요가를 기본으로 하는 태극권의 양생체조와 같은 기체조였다. 약 20여 분간 체조를 마친 후 여는 기도(Opening Prayer)를 하는데 '사랑의 하나님' (Beloved God) '하나님 아버지 어머니'(Heavenly Father and Mother)라는 호칭을 썼고 기도의 마지막은 옴(Aum), 평화(Peace), 아멘(Amen)으로 마쳤다.

여는 기도를 마치고 몸과 마음의 고요와 안정을 위한 호흡 수행을 하였다. 호흡은 정신과 물질을 연결하는 것이기 때문에 앞에서 몸을 이완시키는 체조를 한 후 호흡으로 마음을 이완하는 수행을 한다. 호흡 수행은 불교의 호흡관찰 명상과 다른 요가 행법의 수행이다. 호흡을 들여 마시고 잠시 멈춘 다음 두 배 길이의 숨을 내쉰다.

호흡수행 후 인도의 전통 악기(아코디언 음)에 의한 찬팅과 함께 요가난다의 염불과 같은 주문이 있었고 이 주문 후에 인도자의 간단한 설교가 있었다. 설교는 예수, 석가, 요가난다 등 성현들의 말씀을 봉독하며 자아실현을 위해 자신을 비우라는 내용이었다. 설교 후 인도자의 기도 역시 옴, 샨티, 아멘으로 끝을 맺었다.

설교 후 기도는 기독교로 볼 때는 중보기도이고, 불교 전통의 자애명상과 같으며, 요가 전통의 딕샤와 같은 형식이다. 딕샤는 고통받고 있는 전 세계인을 위한 기도로 손을 비벼 에너지를 일으키고 이 에너지를 고통 받는 사람들에게 보내는 형식이다. 마무리 기도는 하나님, 예수 그리스도, 성인들의 이름으로 기도하고 역시 옴 만트라와 아멘으로 마무리하였다.

자아실현교회의 예배를 통해 느끼고 배운 것이 많았다. 성인들을 절대 신앙의 대상으로 삼지 않고 하나님을 절대 신앙의 대상으로 삼았다는 점이다. 여기서 성인들은 우리의 그루(스승)와 중보자의 위치에 있다. 기체조를 통한 몸의 이완을 경험한 후 침묵하는 명상에서 집중력이 강화됨을 알았다. 명상을 예배에 적용하므로 침묵을 통한 마음의 고요와 평화를 경험할 수 있었다.

위에서 소개한 이머징 교회와 자아실현교회의 이념과 실천은 가정교회 전형이 될 수 있을 것이다. 가정교회는 성과 속, 동적 예배와 정적 예배, 지역교회와 가정교회의 통합과 균형을 이루는 교회론을 제시하고 목회 실천의 모범이 될 것이다.

# 제5장

# 지역교회와 가정교회

## 지역교회와 가정교회의 관계

개 교회 중심주의에서는 지역에 관계없이 개인이 교회를 세울 수 있지만 중앙집권적 체제의 교단에서는 지역을 분할해서 각 지역에 한 교회를 세우고 있다. 이러한 형태의 교회는 기존의 구역제도와 다를 바가 없다. 가정교회는 지역단위를 떠나 몇 개의 가정이 연합해서 한 단위의 교회가 된다. 지역 교회와 가정교회는 상위기관인 모(母)교회와 자(子)교회 관계가 성립된다.

가정교회를 세운다고 지역교회가 해체되고 독립된 가정교회를 세우는 것을 의미하지 않는다. 히말라야 최고봉인 에베레스트 산을 오르려면 중간 중간에 베이스캠프가 필요하다. 베이스캠프에서 세르파와 등산가에게 등정에 필요한 음식과 물자를 지원한다. 마찬가지로 지역교회는 가정교회를 지원하는 베이스캠프와 같다.

지역교회와 가정교회는 새의 양 날개와 같다. 새가 날려면 양 날개가 균형이 잡혀야 높이 멀리 날 수 있다. 지역교회와 가정교회가 균형을 이루면서 하나님의 나라 백성을 전도하고 양육해야 한다. 지역교회는 가정교회장을 양육하여 지도력을 길러주고 가정교회가 활성화되도록 예배, 전도, 교육, 봉사 등의 자료를 지원해야 한다.

남미의 각 지역에 본당 성당이 있고 작은 마을에 가정교회 형태의 기초공동체(Basic Community)가 있다. 광활한 남미 지역은 교회가 드문드문 떨어져 있고 성직자가 부족하기 때문에 신도들이 자발적으로 공동체를 이루어 미사를 드린다. 그런데 가톨릭 미사는 신부만이 집행할 수 있는 영역이 있기 때문에 본당 신부가 순회하여 기초공동체의 미사를 지원할 수밖에 없다. 마찬가지로 지역교회 목회자는 가정교회를 순회하면서 가정교회를 지원해야 한다.

〈지역교회와 가정교회의 목회구조 비교〉

| 구분 | 지역교회 | 가정교회 |
|------|---------|---------|
| 목표 | 양적성장(전도, 대형교회) | 하나님의 나라 백성의 양육 |
| 목회리더십 | 목회자—지도자 | 민주적, 기능적, 목회자—안내자 |
| 의사소통 | 수직적, 일방통행 | 수평적, 쌍방통행 |
| 목회자권위 | 권력적, 권위적 | 수평적, 더불어 누리는 권위 |
| 예배 | 권위적, 일방통행, 신도의 의무 | 참여적, 열린 예배, 교인들의 특권 |

위 비교에서 볼 수 있듯이 지금까지의 지역교회는 목사 중심의 교회이며, 권위적이고, 일방통행적인 의사소통의 교회였다. 그러나 가정교회는 목사 중심 교회가 아닌 평신도 중심 교회라는 특성을 갖는다. 가정교회에서 목회자의 위치는 신도이며 지도자이다. 그는 교역의 촉진자이며 안내자로서의 역할을 갖는다.

## 가정교회 기능

가정교회의 기능은 가정의 기능과 같다. 전통적이고 보편적인 가정의 기능에는 '출산의 기능' '교육적 기능' '경제적 분배의 기능' '휴식과 오락의 기능'이 있다. 이 기능은 교회의 기능과 일치한다. 가정에서 출산의 기능은 교회의 전도의 기능, 가정의 교육적 기능은 교회의 신앙교육 기능, 가정의 경제적 분배의 기능은 교회의 나눔과 섬김의 기능, 가정의 휴식과 오락의 기능은 교회의 친교와 안식의 기능에 해당한다. 이러한 가정교회의 기능은 초대교회에서 잘 보여주고 있다.

> "사람마다 두려워하는데 사도들로 인하여 기사와 표적이 많이 나타나니 믿는 사람이 다 함께 있어 모든 물건을 서로 통용하고, 또 재산과 소유를 팔아 각 사람의 필요를 따라 나눠주고 날마다 마음을 같이 하여 성전에 모이기를 힘쓰고 집에서 떡을 떼며 기쁨과 순전한 마음으로 음식을 먹고 하나님을 찬미하며 또 온 백성에게 칭송을 받으니 주께서 구원 받는 사람을 날마다 더하게 하시니라"(사도행전 2:43—47)

**첫째, 가정교회는 전도의 기능을 갖는다.**

예수께서는 "너희는 가서 모든 족속을 제자로 삼으라."하셨다 전도의 기능은 하나님의 지상(至上) 명령이며 성도들의 신성한 의무이다. 가정에서 자녀 출산이 없다면 그 가계(家系)는 끊기고 만다. 마찬가지로 교회에서 전도가 끊긴다면 하나님의 나라는 존속할 수가 없다. 가정에 자녀가 있어야 그 가정이 활기가 있듯이 새로운 사람이 전도될 때 생동감 있는 교회가 되며 그 교회가 유지된다. 따라서 전도는 지역교회나 가정교회의 의무와 사명이 된다.

**둘째, 가정교회는 교육의 기능을 갖는다.**

가정은 교육의 장이다. 가정에서 건전한 한 인간으로 양육하고 사회인으로 성장할 수 있는 교육이 있어야 건강하고 행복한 가정을 이룰 수 있다. 가정은 부모와 자녀의 사랑, 부부의 사랑, 형제의 사랑을 배우고 실천하는 장이 된다. 마찬가지로 가정교회는 하나님의 말씀을 배우고 하나님의 나라 백성을 훈련하는 장이다. 가정과 교회에서 천국 시민으로 훈련을 받아야 천국에 들어갈 수 있다. 지상에서 천국생활의 경험이 없다면 천상에서 천국 백성이 될 수 없다.

**셋째, 가정교회는 경제적 분배의 기능이 있다.**

가족 간에는 조건 없이 나누고 섬기는 기능이 있다. 가정에서 '내 것' '네 것'의 소유 개념보다는 '우리의 것'이라는 소유 개념이 있다. 가족은 조부모, 부모, 자녀로 구성되어 있다. 경제적 능력이 없는 조부모와 자녀들에게 나누고 섬기듯이 교회도 경제적으로 궁핍하고 소외된 자들과 나누고 섬겨야 한다.

**넷째, 가정교회는 보호와 휴식의 기능이 있다.**

가정은 사랑의 둥지요, 심신을 쉬게 하는 안식처이다. 각자의 일터에서 집에 돌아와 서로에게 심신의 위안을 주고 활력을 주는 곳이 가정이다. 세속의 유혹과 오염으로부터 가족을 보호하는 곳이 가정이다. 세상은 소유를 위한 무한 경쟁의 전투장이며, 육신을 쾌락의 길로 유혹하는 미혹의 장이다. 이러한 각박한 삶의 장에서 찌들고 상처받은 영혼을 치유하는 곳이 가정교회이다. 가정교회는 심신을 치유하고 영혼을 쉬게 하는 기능을 갖는다.

선박에는 전투함, 구조선, 방주, 연락선, 유람선 등이 있다. 교회도 이

선박들의 기능에 비유할 수 있다. 세상의 악과 싸우는 전투함의 기능, 고통과 위기에 있는 사람들을 구원하는 구조선의 기능, 보호와 휴식을 위한 방주와 유람선 기능, 소통과 나눔의 연락선 기능 등이 있다. 선박이 제 기능을 다하기 위해서 선장의 역할이 중요하듯이 가정교회에서는 가정교회의 장이 교회의 기능을 활성화시키는 안내자, 촉진자로서 역할을 해야 한다.

## 지역교회의 가정교회에 대한 역할

지역교회는 가정교회 성장과 발전을 위한 지원센터의 역할을 해야 한다. 가정교회를 지원할 수 있는 인적자원이 없을 때는 가정교회장들을 중심한 위원회 체제를 구성한다. 전문성을 중심으로 전도 위원회, 교육 위원회, 홍보 위원회, 문화 위원회 등을 두어 정책을 수립하고 가정교회를 지원해야 한다. 가정교회에 대한 지역교회의 역할은 다음과 같다.

### 가정교회를 순회하며 가정교회장들의 사기를 진작한다.

가정교회장은 일선에 선 전위대와 같다. 지역교회 전문가들은 이들의 고충과 문제를 상담하여 소명감과 사기를 북돋아 줄 수 있어야 한다.

### 교육 자료(공과)를 제공한다.

가정교회장이 스스로 교안이나 공과를 작성하기에는 시간과 재원의 한계가 있다. 가정교회의 지도자, 어린이, 청소년, 성인들을 위한 공과를 제공하여 가정교회에서 자체 교육이 이루어 질 수 있어야 한다.

**가정교회를 순회하며 목회를 지원한다.**

지역의 전문 목회자가 가정교회를 순회하여 예배, 교육, 교회 운영 등이 활성화될 수 있도록 코칭을 한다.

**가정교회의 행사를 지원한다.**

가정교회가 독립적으로 혼례식, 장례식, 절기 행사 등을 감당하기는 어렵다. 지역교회는 주변의 가정교회와 연합하여 가정교회의 행사를 지원할 수 있어야 한다.

# 제6장

# 가정교회의 가능성과 제한성

예배, 선교, 교육, 봉사 등 교회의 기능을 구현하기 위해서는 일반적으로 대형교회가 효과적이라고 생각할 수 있다. 대형교회는 풍부한 물적 자원과 인적 자원으로 양적 성장을 목표로 하고 있다. 그러나 교회의 본질인 서로에 대한 관심, 배려, 존경 등 친교 활동에 있어서 부족할 수 있다. 교회는 부름받은 사람들이 모인 사랑의 공동체다. 이 사랑의 공동체를 만들기 위해서는 가정교회와 같은 작은 교회가 효과적이다. 가정교회의 가능성과 제한성은 다음과 같다.[10]

## 가정교회의 가능성

### 하나님께 의존

가정교회는 재정적, 인적, 전문성 등에서 부족한 점이 많다. 인간은 부족한 것이 있을 때 그 것을 채우기 위해 노력도 하지만 하나님께 의

---

10) 이에 대한 내용은 Anthony G. Pappas가 편집한 *Inside the Small Church*, (An Alban Institute Publication, 2002)을 참조하였다.

존하게 된다. 가정교회는 부족함을 채우기 위해 선교나 기도에 더 열성적일 수 있다.

## 가족공동체

가정은 나눔과 섬김의 공동체다. 가정교회에는 가족과 같은 사랑과 친밀함이 있다. 가정교회는 가정을 확대한 교회이며 교인들 간에 서로 잘 알 수 있고 관심을 가질 수 있다. 일보다 사람이 우선이며 일을 위한 형식적인 조직보다 인간관계가 우선인 공동체다.

## 삶에 관련된 설교

대형교회 설교는 보편적이고 일반적인 내용이 될 수밖에 없지만 가정교회 설교는 교인들의 삶에 관련된 내용을 다룰 수가 있다. 가정교회에서는 교인들이 어떤 면에서 어려움을 겪고 있고, 어떤 욕구를 가지고 있는가를 알 수 있기 때문에 그러한 고통과 욕구에 대하여 말씀에 근거한 신학적인 해답을 줄 수 있다.

## 책임감과 의무감

대형교회에서는 주일 예배에 불참하더라도 잘 표시가 나지 않는다. 손님으로 방문하는 교인들도 있고 참여자가 되지 못하고 구경꾼이 되기도 한다. 그러나 가정교회에서는 상호 관심과 배려가 있기 때문에 예배 참석에 대한 책임감과 의무감을 갖게 된다.

## 각자의 은사를 통한 기여

대형교회에서는 교인들이 익명성을 갖는다. 교인들이 교회사역에 어떤 특별한 은사를 가지고 있어도 그것을 활용할 수 있는 기회가 없다. 그러나 가정교회 교인들은 하나님으로부터 받은 각자의 은사를 교회사역에 활용할 수 있다.

### 지도자의 자율성

대형교회는 당회, 제직회 등의 조직이 의사결정권을 가지고 있고 목사는 교회경영에 있어서 단지 집행자의 역할을 한다. 그러나 독립적인 가정교회에서는 지도자와 교인들이 자율적인 교회 운영을 할 수 있다. 어떤 일을 추진하는데 지도자와 교인들 간의 협력에 의해 신속하게 결정을 할 수 있다.

### 평신도 지도력 발휘

대형교회에서는 담임목사, 협동목사, 장로, 전도사 등의 사역자들에 의해 조직적이고 전문적인 교회사역이 이루어진다. 그러나 가정교회에서는 평신도 지도자가 교회사역에 참여하여 리더십을 발휘할 수 있다.

## 가정교회의 제한성

### 자원의 결핍

가정교회는 재정적, 인적 자원이 부족하다. 재정적으로 부족하여 교인들에게 부담을 줄 수 있고 인적인 면에서도 교회교육, 음악, 교회 관리 등에서 훈련된 봉사자가 부족하여 교인들이 위축될 수 있다. 그러나 지도자에 대한 사례비 부담이 적어 헌금의 대부분을 선교와 봉사를 위해 사용 할 수 있는 장점도 있다.

## 프로그램과 기능의 부재

가정교회는 대형교회처럼 예배, 교회교육, 목회 돌봄, 선교, 봉사 등의 기능과 프로그램을 대형교회처럼 수행하기가 어렵다. 훈련된 봉사자도 부족하지만 역할을 분담해서 참여할 수 있는 교인수도 부족하다. 한 교인이 모든 영역에 참여해야 하는 부담이 있지만 여러 분야에 참여할 수 있는 장점이 있다.

## 비판적 그룹의 부재

조직이 발전하려면 그 조직 안에 건전한 비판 세력이 있어야 한다. 그러나 가정교회에서는 가족적 분위기와 밀착된 인간관계로 구성되어 있어 교회의 목회 방향에 대하여 비판하려고 하지 않는다. 사역에 대한 비판 세력이 없기 때문에 지도자의 일방적인 교회 운영과 지도자 혼자 책임지는 운영이 될 수 있다. 그러나 빠른 의사결정을 할 수 있는 장점이 있다.

## 고착된 교회풍토

가정교회에서는 교회의 이미지와 교인들의 이미지가 거의 고착상태를 유지하게 된다. 교회 분위기의 변화에 소극적이며 어떤 사람에 대한 선입견이 잘 바뀌지 않는다. 이를테면 교회 안에서 일종의 직분제도가 고착되어 중심에서 벗어난 교인들은 계속 변두리에 남게 된다.

## 고답적이고 안일함

가정교회는 전통을 고수하려고 하며 변화를 위한 긴장이 없다. 작은 교회는 그 분위기 안에서 편안함을 느끼며 교회사역에 대한 책임감과 의무감으로 크게 부담을 갖지 않는다. 미래 교회에 대한 비전이나 변화의 의지가 없어 현실에 만족하고 안주하려 한다. 작은 교회는 단지 친교 공동체로 만족하려고 한다.

## 시야의 편협성

가정교회 교인들의 사고는 지도자 개인의 리더십에 의존될 수 있다. 현재 자기 교회가 시행하고 있는 교회 사역이 최선의 길이라고 생각하고 새로운 변화를 시도하려고 하지 않는다. 따라서 교회사역이 지역 공동체나 사회참여 공동체가 되지 못하고 현실적이며 지엽적인 문제 해결이 사역의 중심이 될 수 있다.

## 지나친 인정 중심

가정교회는 교회사역이 조직적이고 체계적으로 진행되기보다는 인간관계 안에서 이루어진다. 물론 교인들끼리 인정을 나눌 수 있다는 것이 가정교회의 장점이지만 기존 교인들끼리 너무 인정에 얽매이는 교회사역을 하다보면 새로운 신자들이 소외될 수 있고 업무의 효율성도 떨어질 수 있다.

## 자존감 상실

가정교회의 지도자나 교인들은 교회 규모나 수적인 열세에 대하여 자긍심 부족, 위축감 등을 느낄 수 있다. 작은 교회에 전담 목회자가 있는 경우 자신이 무능하여 작은 교회 지도자가 되었다는 자괴감을 느낄 수 있으며 교인들도 작은 교회 교인이라는 열등감을 가질 수 있다.

# 가정교회의 제한성의 극복

필자가 가정교회 목회를 경험하고 연구한 결과 미래의 교회는 필연적으로 가정교회 형태로 전환되어야 한다는 확신을 갖게 되었다. 신학적으로 가정교회는 하나님의 요청이며 사회문화적인 요청이다. 가정교회는 하나님이 창조 때부터 이상하신 교회이며 인간의 구원을 위해 필요한 교회이다. 그러나 인간의 욕망은 외형적으로 크고 교세가 강한 교회를 원한다. 그 결과 오늘날 대형교회는 성공한 교회이고 작은 교회는 초라하고 무능한 교회의 이미지를 갖게 되었다.

가정교회는 하나님 나라의 전형이다. 가정교회는 교회의 본질인 참사랑을 구현해야 할 기관이며 하나님 나라의 참사랑을 배우고 실천하는 곳이다. 본래 한 단위의 가정 자체가 교회다. 그러나 최근의 가정은 부모의 사랑, 부부의 사랑, 형제의 사랑을 경험하고 실천할 수 없는 핵가족 단위이기 때문에 몇 가정이 연합하여 대가족을 이룬 형태의 가정교회가 요구된다. 가정이 연합한 씨족적인 단위의 교회를 가정교회라고 할 수 있다.

코로나 이후 기독교에서도 가정교회에 대한 관심이 고조되고 있다. 코로나로 인하여 사람들 간 사회적 거리두기가 이루어지면서 자연스럽게 가족 중심이 되었다. 사람들의 만남도 꼭 만나야 할 사람만 선택적으로 이루어진다. 코로나 팬데믹은 가정교회라는 새로운 형태의 교회와 문화를 만들게 되었다. 필자의 가정교회 목회 경험과 최근의 가정교회 출현 현상을 놓고 볼 때 해결해야 할 과제가 많음을 느끼면서 몇 가지 가정교회의 과제와 전망을 피력하고자 한다.

## 가정교회의 정체성 확립[11)

20여 년 전 필자는 지역 교회가 제시하는 뚜렷한 목적과 지침 없이 가정교회를 시작하였다. 이때 지역 교회에서 거주지 별로 6가정에서 12가정을 단위로 가정교회를 편성하여 20여 개의 가정교회가 출발하였지만 얼마 되지 않아 대부분의 가정교회가 해체되어 지역교회로 회귀하였다. 필자의 가정교회도 3년 정도 유지하다가 지역교회로 편입되었다.

이렇듯 가정교회가 정착하지 못하는 것은 지도자들과 교인들이 가정교회에 대한 정체성을 확립하지 못한데서 비롯되었다고 할 수 있다. 지역교회도 하나의 가정교회에 불과하였기 때문에 가정교회가 성장할 수 있도록 지원하는 센터 역할을 하지 못하였다. 지역교회에서 가정교회장을 파송하고 그들의 역량을 강화하기 위한 교육이나 공과를 제공해야 했으나 가정교회장을 파송해 놓고 각자도생하도록 하였다.

필자가 담임했던 가정교회는 "천국생활의 훈련장" "참사랑의 체험장"이라는 목회 방향을 설정하고 목회를 하였으나 상위기관인 지역교회는 그런 무형의 가치보다는 외적인 숫자와 성장에 초점을 두고 가정교회를 평가하였다. 가정교회의 비전, 가정교회의 미션 등을 담은 가정교회 교회론이 부재하였기 때문이다.

## 지역교회와 가정교회의 관계성 정립

가정교회 발전을 위해서는 먼저 지역교회와 가정교회 간에 분명한 관계 정립이 되어야 한다. 가정교회의 자율성이 어느 정도 보장되어야

---

11) 가정교회의 정체성은 가정교회에 대한 말씀을 정리한 성화사 편, 『가정교회의 승리』에 제시되고 있다. 훈독가정교회란 훈독을 중심한 가정교회의 방향을 제시하고 있다고 할 수 있다.

하는가? 지역교회를 위한 가정교회의 재정 분담은 어느 정도인가? 등의 관계가 정립되어 있을 때 가정교회 교인들도 동요 없이 교회사역에 동참하게 될 것이다.

가정교회가 활성화되기 위해서는 모교회가 되는 지역교회의 지원이 있어야 한다. 지역교회와 가정교회는 교회 발전을 위한 두 날개로 협력의 관계를 이루어야 한다. 지역교회는 가정교회장의 사기를 높여주고, 목회 활동을 할 수 있는 역량을 길러주며, 교인들을 지도할 수 있는 각종 자료를 지원해 주어야 한다.

필자가 담임한 가정교회는 구성원들의 지적, 신앙적 수준이 높기 때문에 지역교회 지원 없이 자율적인 교회운영과 성장이 가능하였다. 지역교회는 이렇듯 자립, 자율이 가능한 가정교회에 대해서는 자율성을 보장해 주며 교회 성장을 위해 지원하는 위치에 있어야 한다. 가정교회를 지원해서 모범이 되는 교회로 성장하도록 도와야 한다.

지역교회는 가정교회의 활성화를 위해 가정교회장의 지속적인 교육, 어린이 및 청소년 교육프로그램, 선교 및 봉사활동, 연합예배 실시 등의 지원을 해야 한다. 즉 공과개발, 인터넷 사이버 공간 활용, 전문 목회자의 가정교회 순회를 통한 교육과 교인들의 사기 진작 등의 지원이 필요하다.

## 팀 목회의 필요성

가정교회는 소규모의 교회이고 지도자의 전문성이 부족하기 때문에 이웃 가정교회와 팀 목회가 필요하다. 각 가정교회장이 가지고 있는 특성을 살려 서로의 부족한 점을 보충해야 한다. 강의 지원, 이웃 교회의 행사 지원, 교육 프로그램의 교환, 합동으로 교육이나 이벤트 행사 등 팀워크가 이루어져야 한다.

가정교회장들의 전문성과 카리스마는 서로 다르다. 교회 음악에 전문성이 있는 지도자, 전도에 일가견이 있는 지도자. 어린이 교육에 전문성이 있는 지도자 등이 있다. 또한 가정교회 내에도 이러한 전문성을 가진 사람들이 있다. 각 가정교회 지도자들과 교인들이 이웃 교회와 연합하고 협조하면 교회 성장에 많은 도움이 될 것이다.

## 가정교회 특성의 예배 개발

예배에 있어서도 지역교회와 가정교회는 차별성이 있어야 한다. 가정교회 예배가 단순히 지역교회 예배를 축소한 예배가 되어서는 안된다. 가정교회 예배는 가정교회의 특징을 살려서 하나님께 기쁨의 보고와 축제의 예배가 되어야 한다.

그리고 한 달에 한 번 정도는 전 교인들이 모여 열린 예배를 드려야 한다. 열린 예배란 새로운 전도자를 위한 예배로 교회의 특수성을 반영하기보다는 누구나 참여하여 하나님 안에서 사귐과 사랑을 나누는 보편적인 예배가 되어야 할 것이다.

가정교회에서는 어린이와 청소년을 위한 예배를 드리기가 어렵다는 고정관념을 가지고 있다. 효과적으로 예배 운영을 한다면 가정교회 안에서도 어린이와 청소년들이 참여할 수 있는 예배를 만들어 갈 수 있다. 이를테면 서양 교회에서 실시하고 있는 '간세대 예배12)' 등을 도입하면 가정교회 안에서도 어린이와 청소년을 위한 예배를 활성화시킬 수 있다.

---

12) 간세대 예배란 세대 구분 없이 통합으로 이루어지는 예배로 예배 중에 어린이를 위한 순서를 배려하여 어른과 어린이, 청소년들이 같이 예배를 보는 것을 말한다.

## 어린이 예배와 청소년 예배

필자가 담임한 가정교회에서는 어린이 예배를 지역교회에 의존하지 않고 어른 예배와 통합한 '간세대 예배'를 시도해 보았다. 그러나 부모들은 지역교회에서 이루어지는 어린이 교육이 더 전문적이고 체계적이며, 또래들과 사귀고 어울리는 것이 필요하다고 생각하여 자녀들을 지역교회 예배에 참석시키기를 원했다.

실제로 자녀를 둔 몇몇 부모들은 자녀들 때문에 지역교회 예배에 출석하고 가정교회에서 실시하는 수요일 훈독회(말씀 공부 모임)에만 참여하였다. 이러한 이유로 자신이 소속한 가정교회 예배에 참석하지 못하는 것은 식구들의 공동체성과 결속력을 저해하는 요인이 되었다.

# 제7장

# 가정교회 목회 패러다임

## 가정교회 성장의 목표

지역교회는 성장의 목표를 양적 성장에 두고 있다. 신도 수의 증가, 신자 양육에 의한 신앙 성장, 교회 활동의 활성화 등이 교회 성장의 목표다. 지역교회는 신앙의 본질인 참사랑의 실천보다 양적 성장을 위한 프로그램 목회이다. 프로그램 목회는 성과 중심의 목회로 조직적이고 형식적인 활동에 비중을 둔다. 그러나 가정교회 목회는 관계 중심으로 가족적이고 축제적인 활동에 비중을 둔다.

가정교회 목회는 '흩어지는 교회'의 기능보다 '모이는 교회'로서의 기능인 예배, 교육, 기도 등에 더 강조점을 두어야 한다. 가정교회는 하나님의 백성들이 모이는 공동체 생활을 보여주는 시위장(示威場)이 되어야 한다. 가정교회가 사랑의 공동체가 되면 교회 밖의 사람들도 그 공동체의 일원이 되고 싶다는 생각을 할 것이다. 따라서 가정교회 성장의 목표는 교회의 양적인 증가보다는 교인들의 내적인 변화와 행복한 가정과 같은 교회를 만드는 것이다.

가정교회 성장의 목표는 구성원들이 가정교회 기능을 얼마나 효과적으로 수행할 수 있는가에 있다. 가정교회 성장의 평가는 '가정교회 신

도들이 가족적인 분위기인가?' '헌신적인 봉사에 열정을 가지고 있는가?'
'신도들이 자율적으로 교회의 사역에 참여하는가?'에 따라 평가된다.


## 교회의 직제 운영

가정교회의 조직은 큰 교회의 당회, 제직회, 장년회, 청년회 등의 조직체계보다 가정교회 운영의 효율성을 위해서 단순한 조직체계를 가져야 한다. 가정교회는 장로, 권사, 집사의 수직적 직분이 아닌 신도들로 구성된 수평적이고 더불어 누리는 권위의 조직이 되어야 한다.

지역 교회에서 평신도는 대부분 구경꾼이 되고 교역자와 몇몇의 직분을 맡은 사람들이 교회를 이끌어가는 것이 보편화되어 있다. 그러나 가정교회는 평신도가 목회 사역에 참여할 기회가 많다는 특징을 가지고 있다. 모든 신도가 교역자이며 동시에 가족이라는 의식을 갖는다. 장로와 권사들은 기도, 젊은 신도들은 봉사 활동, 예산 담당, 인터넷 카페 관리, 예배 준비 담당 등 전 신도들에게 역할을 분담하여 목회 사역에 동참하도록 해야 한다.

가정교회 조직은 교회운영 전반을 이끌어가는 운영위원회와 선교와 친교를 활성하기 위한 선교 조직을 갖는 것이 바람직하다. 운영위원회는 가정교회장을 포함한 각 분야별 대표로 구성하여 교회의 예산편성, 예산집행, 교회의 물적 인적 관리, 선교, 교육, 봉사 등 교회운영 전반에 대한 심의와 집행을 맡는다. 선교와 봉사는 효과적으로 선교의 기능을 수행하기 위한 조직이다.

## 가정교회에서의 지도자의 위치

소수의 가정으로 구성된 가정교회에서 전담목회자를 갖게 되면 재정적으로 감당할 수가 없다. 따라서 가정교회는 평신도 중심의 교회가 되어야 한다. 가정교회는 평신도 가운데 재정적 자립을 할 수 있고 인간관계가 원만하며 목회에 식견이 있는 사람이 가정교회장이 되어야 한다.

가정교회에서는 평신도에게 교회 사역의 참여 기회가 주어지며 그들이 교회사역의 리더십을 발휘할 수 있다. 대형교회의 평신도는 특성상 성직자들에 의해 수동적으로 따라가는 신앙인이 되며 구경꾼이고 손님의 위치에 있을 수밖에 없다. 그러나 작은 교회에서는 신도들 각자가 교회의 주인으로서의 역할을 하게 된다.

가정교회가 활성화되려면 지역교회와의 유기적인 관계가 있어야 한다.[13] 지역교회는 가정교회가 활성화될 수 있도록 지원을 하는 센터로써의 기능을 하여야 하고 평신도 지도자가 사역을 감당할 수 있는 지속적인 교육과 자료 지원을 통하여 지도자로서의 역량을 키울 수 있도록 해야 한다.

가정교회장은 신도이며 지도자로서의 위치에 있다. 경제적으로 교회에 의존하지 않고 자립할 수 있는 사람이어야 한다. 가정교회장은 교회가 스스로 운영될 수 있도록 안내하고 지원하는 역할을 해야 한다.

가장이 가정을 이끌어가듯 가정교회장은 가정교회를 이끌어가는 중심에 있다. 가정교회는 지역의 몇몇 가정이 연합하여 자율과 자치로 이

---

13) 여기서 지역교회란 과거의 교구본부, 교역본부, 등 지역단위로 설립된 교회이며 중앙집권적 체제에서 지역 단위의 교회체제를 말한다. 가정교회 시대에서 지역단위의 교회는 센터로써의 기능을 갖는다고 할 수 있다. 전도, 봉사. 교육, 등을 지원하는 센터로써의 기능을 해야 한다.

루어지는 목회 형태를 갖는다. 따라서 가정교회장을 중심으로 자체 운영될 수 있는 교회 시스템을 구축해야 한다.


## 교회 재정 운영

일반적으로 작은 교회로서의 가정교회는 재정상태의 빈곤으로 선교와 봉사 및 친교 활동이 위축될 수 있다는 선입견을 갖는다. 그러나 가정교회가 갖는 특성을 잘 살린다면 지역교회보다 재정상태가 양호하고 더 활발한 교역 활동을 전개할 수 있다.

작은 교회가 전담 목회자를 갖는다면 교회 재정 중 많은 부분이 목회자 사례비로 지출되어야 한다. 또한 독자적인 교회 건물을 갖는다면 재정의 많은 부분이 건물의 유지관리비로 지출되어 선교활동이 위축될 수밖에 없다. 그러나 가정교회는 평신도 지도자가 교회를 이끌어가기 때문에 목회자의 사례비가 지출되지 않고 예배 장소로 가정이나 공공 장소를 이용하여 유지관리를 위한 지출이 적다. 따라서 교회 수입의 대부분을 선교, 교육, 친교, 봉사를 위한 경비로 사용할 수 있다.

실제로 필자가 사역하였던 가정교회는 십일조 헌금의 대부분을 선교, 봉사, 친교를 위한 경비로 지출하였기 때문에 교인들에게 헌금 부담을 주지 않았다. 대부분의 헌금이 선교를 위한 경비로 쓰이므로 선교 활동도 활발하게 전개할 수 있었다. 오히려 생활이 궁핍하거나 어려운 사정이 있는 가정을 재정적으로 도와줄 수 있었다.

# 제8장

# 가정교회의 예배


## 예배의 용어와 의미

구약성서에서 예배를 표현하는 말로 히브리어 아바드(עָבַד)가 있다. 이 말은 '봉사' '섬김'이라는 뜻을 가지고 있다. 또 샤하아(שָׁחָה)가 있는데 이 말은 '굴복하는 것' 또는 '자신을 엎드리는 것'이라는 의미이다. 이렇듯 구약에서 쓰고 있는 예배라는 뜻은 하나님께 순종하는 자세로 경배와 섬김의 도리를 다하는 것을 의미한다.

헬라어로 기록된 신약성서에서는 예배를 표현하는 말로 프로스쿠네오(προσκυνεω)라는 말이 보편적으로 사용되었는데 '절하다' '굽어 엎드리다'라는 뜻이다. 예배를 표현하는 또 다른 말로 라트레이아(λατρεία, ας, ἡ)가 있는데 '다만 그분을 섬겨라'라는 뜻이다. 이처럼 신약성서에서도 예배란 굴복하고 섬기는 행위로 쓰이고 있음을 알 수 있다.

현재 우리가 흔히 쓰고 있는 영어의 예배 'service'라는 단어는 성서에서 예배의 의미로 표현한 봉사와 섬김에서 유래되었다. 영어의 예배라는 말 'worship'이라는 단어는 'worth'와 'ship'의 합성어이다. 즉 '하나님께 존경과 가치를 돌리는 것'이라는 뜻이다. 독일어로 예배라는 말은 'Gottesdinest'인데 이 말은 영어의 'service'와 같이 '신에게(gottes) 봉사

(dinest)한다.'라는 의미이다.

이렇듯 예배라는 말을 표현한 각 단어에서 알 수 있듯이 예배는 하나님께 순종과 굴복하는 행위요, 봉사하는 행위다. 순종과 봉사라는 예배의 의미는 타락한 죄인이라는 인간이해에서 볼 때 타당하다. 즉 타락한 인간은 자발성과 스스로의 가치를 가질 수 없으며 하나님이 기대하는 순종과 봉사를 통해 하나님의 자녀로 복귀될 때만이 가치를 갖는 것이다.

그러나 인간이 하나님의 형상(形像)이요 자녀라는 인간 이해에서 볼 때 인간의 자발성이 없이 순종과 굴복만으로 하나님을 기쁘게 할 수는 없을 것이다. 인간의 자발성에 의해서 하나님께 영광을 돌려드리는 것이 예배의 본질이다. 존 버크하르트(John Burkhart)의 말대로 예배는 하나님의 은총에 대한 반응으로 하나님을 찬양하는 상징적 행위인 것이다.[14] 따라서 하나님을 찬양하는 예배는 자발성과 기쁨으로 드리는 행위가 되어야 한다.

자발성과 기쁨으로 드리는 예배는 축제의 성격을 갖는다. 축제는 본질적으로 누구의 강요에 의해 이루어지는 것이 아니다. 예배는 하나님의 창조와 구원 행위에 대하여 자발성에 의한 감사와 감동으로 드리는 심정의 축제가 되어야 한다.

하나님과 타락하지 않은 인간의 관계는 부모와 자식의 관계이다. 따라서 예배는 하나님의 종으로서가 아니라 하나님의 자녀로서 부모를 대하는 심정으로 드려야 한다. 이는 사랑하고 기쁘고자 하는 하나님의 정적 충동에 대해 기쁨과 사랑으로 반응하는 것을 의미한다.

---

14) John E. Burkhart, *Worship*, Westerminster, 1982, 16-18쪽.

## 가정교회 예배의 패러다임

예배의 본질에서는 지역교회나 가정교회 혹은 대형교회나 작은 교회 모두 동일하다. 예배는 하나님의 백성들의 모임이며 하나님의 백성들이 드리는 '메시아적 잔치'가 되어야 한다는 예배의 본질은 변하지 않는다. 그러나 예배는 그 시대 사람들이 공감하고 참여하기 위해서 당시대 사람들의 의식과 문화에 따라 그 표현이 달라져야 한다. 따라서 지역교회는 지역교회대로 가정교회는 가정교회대로 특성을 살린 예배가 되어야 한다.

또한 대형교회는 대형교회대로, 작은 교회는 작은 교대로 특성을 살린 예배가 되어야 한다. 가정교회의 예배는 다음과 같은 예배가 되어야 한다.

### 잔치로써의 예배

하나님은 피조세계를 창조하시면서 창조의 단계가 끝날 때마다 "보기에 좋았다"라고 기쁨을 표현하셨다(창 1 : 1~31 ). 하나님이 피조세계를 지으신 목적은 피조세계로부터 기쁨을 돌려받기 위함이기 때문에 인간이 존재하는 목적은 하나님께 기쁨을 돌려드리는 것이다. 따라서 예배는 기쁨과 감동으로 응답하는 구원의 행위이므로 예배는 본질적으로 축제성을 가져야 한다. 이러한 예배에 대한 이해로 버크하르트는 "예배는 주님의 종으로서 주인을 숭배하는 순종의 행위로써가 아니라 진실한 친구로서 우리를 대하고 계신 분에 대한 기쁨의 축제이다.15)"라고 하였다. 그리고 그는 "예배행위는 그리스도인의 의무라기보다는 우

---

15) John E. Burkhart, *Worship*-A Searching Examination of the Liturgical Experience(P hiladelphia: Westerminster Press, 1982) 17쪽.

리가 누려야 할 특권이고 무거운 짐이 아니라 즐거움이다."라는 것을
강조하였다.

몰트만 역시 예배를 "공동체의 잔치"라고 하였는데 공동체의 잔치는
복음을 선포하고 경험된 해방에 응답하고 태동(胎動)의 표지를 가지고
사람들에게 세례를 베풀고 주님의 식탁에서 하나님 나라의 사귐을 선
취(先取)하는 '메시아적 잔치'라고 말하였다.[16]

그러나 오늘날 대다수의 기독교 예배는 목사 중심으로 교인들에게
의무만 강조되는 형식적이고 수동적인 예배이다. 예배의 의미로 '순종
하는 행위' '엎드려 경배하는 행위'라는 면만을 강조하고 엄격한 신앙인
의 의무로써만 강조하였지 축제로써의 예배, 교인의 특권으로써의 예
배는 무시되어 왔다.

특히 대형교회의 예배에서 교인은 소외된 채 성직자 중심의 예배가
되었고 의무와 복종만 강조되는 형식적이고 수동적인 예배가 되었다.
예배는 신앙인의 자발성에 의하여 자신의 특권으로써 드려질 때 생동
감이 있고, 기쁨이 넘치는 예배가 될 수 있고 하나님이 기뻐 열납(悅納)
하실 수 있는 예배가 된다.

## 가족공동체 예배

가정은 하나님과 인간의 사랑, 부부의 사랑, 부모와 자식간의 사랑,
형제간의 사랑이 결집되어 있는 사랑의 공동체다. 교회는 이러한 가족
간의 사랑이 확대된 공동체라고 할 수 있다. 하나님의 사랑을 중심한
가정이 연결되어 연합체를 이루는 것이 가정교회의 이상이요, 선교의
목표가 된다. 예배의 공동체성에 대하여 안병무는 다음과 같이 말한다.

---

16) Jurgen Moltmann, 박봉랑 외 역, 『성령의 능력 안에 있는 교회』(서울: 한국신학연
구소, 1982), 270쪽.

"예배는 나라는 개인보다 우리라는 전체성을 언제나 대표해야 한다. 우리는 밥상을 같이 대하는 운명공동체를 말한다. 예배는 바로 이 운명공동체의 삶의 표상이 된다. 그러므로 예배는 어떤 특정한 사람에 의하여 드려지고 전체가 구경꾼이 되는 것이 아니라 우리 즉 운명공동체가 같이 드리는 행위이다"(안병무, 1987:321).

예배는 본질적으로 공동체적(共同體的) 행위이다. 예배가 공동체적 행위라고 하는 것은 협동의 행위라는 의미와 가족적 행위라는 의미를 갖는다. 예배가 협동과 가족적 행위로 이루어지는 잔치로써의 예배가 될 때 하나님이 기뻐 받으시는 예배가 된다.

기독교 예배의 중심이 되는 성만찬의 뿌리는 유대교 신앙 동지들이 모여서 행한 키디쉬(Kidush) 식사이다. 키디쉬 식사의 전통을 이어서 초대교회의 애찬(愛餐)이 이루어졌으며, 애찬에서 성만찬이 유래된 것이다. 이러한 유래에서 보더라도 예배는 식사를 함께 하는 식구 공동체가 드리는 행위임을 보여준다.

예수의 최후의 만찬은 키디쉬 식사에서 유래되었다는 설이 유력하며 기독교의 성만찬은 예수의 최후의 만찬을 기념하는 의식이다. 이렇듯 기독교 예배에서 식사는 중심적 예배 행위이다. 예배에서 음식을 나누는 행위가 중요시된 것은 음식을 나누는 행위 가운데 나눔과 섬김과 친교가 이루어지기 때문이다.

식사의 내용이 같다는 것은 같은 피를 가짐을 의미하며 같은 피를 갖는다는 것은 의식이 같음을 의미한다. 따라서 신앙 공동체는 무엇보다 밥의 내용이 같아야 한다. 초대교회의 예배는 사도행전 2장 42절 이하에서 볼 수 있듯이 가족공동체가 드리는 나눔과 섬김과 친교가 있는 밥상공동체의 예배였다. 가정교회 예배는 전 세대가 함께하는 가족공동체의 예배가 되어야 한다.

## 토착화 예배

인간은 오늘이라는 시간과 지금 여기서 라는 공간 속에 놓여 있는 존재다. 예배에 있어서도 지금 여기에 있는 상황과 문화를 무시하게 될 때 그 예배는 회중과 연대감을 갖지 못하게 된다. 예배는 그 시대 의식과 문화를 초월할 수 없다. 그 시대의 의식과 문화로 예배가 표현되어야 한다.

박봉배 교수는 "예배의 대상이 되는 하나님은 불변이시지만 그 분을 경배하고 예배하는 인간은 문화적 사회적 제약을 받는다. 그런 이유로 복음을 이해하거나 실천하는데 있어서도 여러 가지로 나타날 수 있어야 한다.17)"고 한다.

추풍코(Anscar J. Chupungo)는 예배가 토착화되어야 할 근거를 말씀의 화육(化肉)에서 찾아야 한다고 주장한다.18) 즉 시간과 공간 속에 하나님의 말씀이 침투되기 위하여 예배의 토착화가 필요하다는 것이다. 교회의 예전을 사람들의 전통과 문화 속에 화육시킬 때 신앙을 받아들이는 사람과 화육시킨 교회 상호간의 풍요로움을 가져오게 된다. 예전에서 뿐만 아니라 교회가 그 자신을 모든 종족의 문화에 화육시킬 때 그 교회는 문화 발전의 주체로 설 수 있게 된다. 만약 교회가 그 문화를 무시하게 될 때 교회는 그 문화의 국외자(局外者)가 될 것이다.

정장복 교수는 한국교회 예배의 토착화를 "한국인이 한국의 옷을 입는 것19)"으로 비유한다. 주체성을 회복하면서 서구의 옷보다는 우리의 옷을 입는 한국의 기독교가 되어야 한다고 하였다. 그러나 지금까지 기독교에서는 예배의 토착화가 도외시되어 왔다. 한국의 기독교는 당연

---

17) 박봉배, "기독교 예배와 민속문화", 『기독교 사상』, 358호(1988년 10월호), 31-32쪽.
18) Anscar J. Chupungco, *Cultural Adaptation of the Liturgy*(New York: Paulis Pres, 1982), 58쪽.
19) 정장복, "기독교 예배의 토착적 표현", 『기독교 사상』, 395호(1991년 11월호), 8-1쪽.

히 한국인 정서에 맞는 예배를 드려야 한다. 그러나 오늘의 기독교 예배
는 서양 기독교 전통의 순서를 그대로 복사한 것이 되었다. 오늘날 서양
에서 한국 문화의 열풍이 불고 있다. 이제 한국 문화 속에 화육된 기독
교 예배가 될 때 오히려 보편성과 세계성을 띤 예배가 될 것이다. 한국
에서의 기독교 토착화를 위해 다음과 같은 사항이 고려되어야 한다.

첫째, 우리 조상들의 경천사상(敬天思想)은 기독교 예배와 접촉점을
이룰 수 있다. 우리 조상들은 하눌님을 섬겨왔고 하눌님에게 제사를 지
내왔다. 하눌님의 제사가 우리 조상들의 하나님에 대한 예배였다. 박근
원은 하눌님 제사에 대하여 다음과 같이 말하고 있다.

> "하눌님 제사는 유교 전통의 조상 제사와도 다르고 기복치유
> 위주의 민간신앙 제의와도 근본적으로 다른 성격의 것이다. 지
> 난날 하눌님 보호에 감사하고 미래의 평안을 간구하는 천지신명
> 께 드리는 축제였다. 그리고 이 하눌님 예배는 우리 조상들의 하
> 나님에 대한 예배였다고 할 수 있다.[20]"

이렇듯 하나님께 감사하고 진정한 마음으로 하나님을 기쁘게 하려
는 축제 성격의 하눌님 제사가 한국적 예배에 수용되어야 한다.

둘째, 한국의 대표적 민속신앙 굿은 예배에 많은 것을 시사해 준다.
민속신앙 굿의 목적은 한(恨)을 가지고 있는 사람의 한풀이에 있고 형
태는 축제의 형태다. 굿은 먼저 신(神)의 내림(來臨)에 의하여 가능하다.
신의 내림을 위해서 음악과 춤판이 벌어지면 신이 내리고 그 신은 회중
과 어우러진다. 신은 높은 곳에서 굽어보거나 먼 곳에서 지켜보거나 하

---

20) 박근원, 『오늘의 예배론』(서울: 대한기독교서회, 1992), 197-198쪽.

지 않고 굿판 가운데서 사람들과 어우러져 울고 웃는다. 우리의 예배에서도 굿판에서 신과 무당과 회중이 어우러져 신명나게 드리는 예배의 모형을 수용할 수 있을 것이다.

셋째, 한국인의 잔치도 우리 예배에 모범을 보여준다. 한국인에게는 돌잔치, 혼례잔치, 회갑잔치 등 통과의례(通過儀禮)에 해당하는 잔치가 많다. 잔치는 이웃 전체가 참여하는 공동체의 집단의례라고 할 수 있다. 집안 사람들은 제의(祭儀)를 위한 그룹이 되어 의례를 행하고 이웃 사람들은 의례를 위하여 상부상조(相扶相助)한다. 잔치에 참여한 사람들은 각자의 생산물로 부조(扶助)를 하고 음식을 나누어 먹으며 온종일 잔치를 즐긴다. 잔치판에서는 항상 공동놀이가 이루어지고 신명나는 놀이판이 벌어지게 된다. 잔치판에서 마을 사람들은 공동체 의식을 느끼며 생활을 위한 활력을 충족시키게 된다.

마지막으로 한국인의 신명은 예배의 정신이 된다. 한국인은 놀이를 좋아하는 백성이다. 잘 놀은 것을 "신나게 놀았다"고 한다. 이 말의 근원은 놀이가 단순한 자기 자신만의 즐거움이 아니라 신과 어우러져야 함을 의미하는 것이다. 우리 조상들은 일할 때 일하고 놀 때 노는 것이 아니라 놀면서 일하고 일하면서 노는 백성이었다. 일하면서 노래를 하고 일하면서 춤을 추는 백성이다. 예배에는 이러한 놀이 정신이 깃들어 있어야 한다. 하비콕스(Harvey Cox)의 주장처럼 예배는 하나의 공동체가 어우러지는 '거룩한 놀이'가 되어야 한다.21) 하나님과 같이 놀고 어우러질 때 하나님은 우리와 같이 숨 쉬고 살아 계신 하나님이 되신다. 거룩한 놀이로써의 예배가 될 때 대립과 갈등을 극복하고 하나됨의 우리가 될 수 있다.

---

21) Harvey Cox, 김천배 역, 『바보제』(서울: 현대상사, 1977), 193쪽.

## 열린 예배

예배가 '하나님께 기쁨과 영광을 돌리는 행위'라고 정의할 때 요즈음 많은 교회에서 시도하고 있는 열린 예배는 이 정의에 합당한가를 고찰할 필요가 있다. 열린예배란 미국 교회에서 처음 시도한 예배의 한 형태로 구도자의 예배(Seekers Service)라는 의미가 있다. 구도자의 예배라는 말이 우리나라에 들어와 '열린예배'로 의역되어 사용되고 있다.

전통적 예배가 선택받은 선민의 예배라고 할 때 열린 예배는 구원을 갈구하는 초신자 중심의 예배라고 할 수 있다. 열린 예배는 새로운 신자도 이해하고 참여할 수 있도록 대중문화적인 요소와 축제적인 분위기를 추구하고 있다. 설교에서도 전통적인 선포식 설교에서 대화적이고 이야기적인 형태를 갖는다.

열린 예배가 세상에 열어놓고 청중의 요구를 충족시키며 청중과 함께하는 예배를 추구한다는 면에서 그 가치와 의미를 가지고 있다. 그러나 열린 예배가 지나치게 인간의 요구에 따라가고 즐거움을 추구하는 예배가 될 때 본질을 잃어버릴 수 있다는 단점이 있다.

한편 회중이 이해하고 참여하는 예배를 추구하기 위해서는 열린 예배를 배제할 수 없다. 따라서 하나님 중심과 인간 중심의 조화로운 예배를 추구해야 할 것이다. 하나님의 자녀인 인간이 기쁘면 부모 되시는 하나님도 기쁘시다는 전제 아래 열린 예배는 기쁨으로 드리는 축제가 되어야 한다.

가족적인 예배의 분위기를 구성해야 하는 가정교회 예배는 열린 예배의 형태를 추구해야 한다. 새로운 이웃이 예배에 참여하더라도 이질감을 느끼지 않고 동화될 수 있어야 한다. 가정교회의 예배는 이웃이 함께 참여하여 말씀을 공부하고 기도하고 찬송할 수 있는 보편적인 예배의 형태를 가져야 한다.

## 종교다원주의 예배

하나님은 특정한 나라 특정한 종교의 하나님이 아니라 우주적 하나님이요, 우주적 그리스도이시다. 만인의 하나님이시고, 만인의 그리스도이시다. 모든 종교는 하나님 뜻 안에 세워진 종교요, 모든 진리는 하나님께 속한 진리다. 하나님이 인류의 구원을 위해 그 나라와 문화에 맞는 사상을 주셨고 종교를 세우신 것이다. 그래서 불교의 '자비', 유교의 '인' 기독교의 사랑 등이 종교의 궁극적 가르침이 된다.

이러한 주장들은 데이야르 샤르댕(Pierre Teilhard Chardin, 1881—1995)의 신학에서도 나타난다. 그리스도를 우주의 알파요, 오메가로 본다. 인류는 창조적 진화 가운데 온전하신 그리스도를 닮는 과정에 있음을 주장한다. 결국 각 종교가 지향하는 이상세계는 사도 바울이 말한 것처럼 인간이 신성과 능력을 갖는 시대가 된다.(로마서 1장 20절) "그 날에는 내가 아버지 안에 너희가 내 안에 내가 너희 안에 있는 것을 알리라."(요한복음 14장 20절)는 말씀처럼 하나님이 우리와 함께 계신다.

하나님은 교회 안에 갇힌 하나님이 아니시고 우리의 일상에서 함께 하시는 하나님(With God)이시다. 내 안에 함께 하시는 하나님, 내 가정에 함께 하시는 하나님, 내 일터에 함께 하시는 하나님이시다. 어느 곳이나 하나님의 백성들이 모이는 곳이 교회다 그 곳에서 하나님을 찬미하며 음식을 나누고 하나님과 더불어 사는 이야기를 하면 예배가 된다.

미래의 교회는 교회라는 공간이 단지 예배당으로써의 기능을 갖는 곳이 아니고 하나님 백성들이 모여서 같이 즐기며, 진리를 공부하고, 잔치하는 장소가 될 것이다. 교회의 기능은 센터로써의 기능을 갖는다. 구약시대 히브리인들이 공동체로 모여 공부하고 빵을 나누던 곳을 회당(Synagogue)이라고 했듯이 미래의 교회는 하나님의 백성들이 모이는 회당으로써의 기능을 갖는다.

교회를 성전이라고 한 것은 세상과 분리된 거룩한 장소라는 뜻이다. 이러한 성전의 개념도 바뀌어야 한다. 하나님이 계신 곳은 어느 곳이나 성전이요 성소다. 그래서 바울은 인간을 성전이라고 하였다.(고린도 전서 3장 16절) 바울은 어느 특정한 건물을 교회라고 하지 않았다. 그가 사용한 교회 에클레시아는 하나님 백성들의 모임을 의미하였다. 그는 하나님의 백성들이 모인 집을 "살아계신 하나님의 교회요 진리의 기둥과 터"라고 하였다. 초대교회 순교자 스데반은 그의 설교에서 광야교회라는 말을 썼다. 히브리인들이 애굽에서 탈출하여 40년간 광야에서 유랑할 때 그들이 모여 제사를 지냈던 성막이 교회였다. 가정교회는 태초부터 하나님이 원하신 교회요, 사도 바울이 원하였던 교회이다.

## 가정교회 예배 구조와 순서

### 가정교회 예배의 의미

가정교회 예배는 가족 공동체가 하나님께 기쁨과 영광을 돌리는 의미를 갖는다. 형식적으로 잘 갖추어진 예배보다 단순하고 실제적인 예배가 되어야 한다. 하비 콕스(Harvey Cox)의 말처럼 가정교회 예배는 가족 공동체가 "하나님 앞에서 노는 거룩한 놀이[22]"가 되어야 한다. 즐거움과 기쁨으로 드리는 축제가 되어야 한다.

예배가 하나님께 기쁨과 영광을 돌린다는 본질은 변하지 않지만 시대와 환경에 따라 예배의 형태는 달라져야 한다. 따라서 가정교회 예배는 기존의 지역교회 예배와 같을 수 없다. 가정교회 예배는 가정이 갖는 특성을 살려야 한다. 가정교회는 평신도 중심의 예배이며 전 교인이

---

22) Harvey Cox, 김천배 역, 『바보제』(서울: 현대상사, 1986), 193쪽.

능동적으로 참여해야 한다. 예배를 의무로서 드리는 것이 아니라 특권으로서 드려야 한다.

가정교회 예배는 관계 중심이어야 한다. 가사에 역할을 분담하듯이 전 교인이 능동적으로 참여하는 예배가 되어야 한다. 성경에 "예배드리는 일보다 형제간에 화해와 화목이 더 중요하다"(마태복음 5장 26절)는 말씀처럼 나눔과 섬김이 있는 예배가 되어야 한다.

## 가정교회 예배의 구조

예배는 개회 예배, 말씀 예배, 응답하는 예배, 결단과 파송의 예배 등 4개의 구조로 되어 있다. 개회 예배는 하나님을 모시는 순서로 하나님의 임재를 기원하는 기도와 하나님의 영광을 찬양하는 내용으로 구성된다. 하나님을 내 안에 모시기 위해 회개하며 순명하는 자세로 하나님을 맞이하는 시간이다.

말씀 예배는 하나님을 모시고 하나님의 말씀을 듣는 순서이다. 하나님이 이미 주신 본문 말씀을 받아들이고 그 말씀을 새기는 시간이다. 말씀을 새긴다는 것은 그 말씀을 기억하는 것이며 의미를 이해하고 우리 삶에 적용하는 것이다.

응답하는 예배는 하나님의 말씀을 듣고 하나님을 찬양하며 감사를 드리는 순서이다. 하나님께 드리는 감사를 행동으로 보여주는 시간으로 감사의 찬송과 봉헌이 이 순서에 해당한다. 봉헌은 신앙인의 믿음과 결단을 표시하는 행위이고 헌금은 하나님께 드리는 예물이며, 하나님의 나라 건설에 참여한다는 응답의 표시다.

결단과 파송의 예배는 하나님의 백성들이 세상에 나가 하나님의 뜻을 실현하고 하나님의 나라를 세우겠다는 각오와 결의를 하는 순서이다. 결단의 찬송, 파송사, 축도 등이 여기에 속한다. 이 시간은 주신 말씀대로 살겠다는 결의와 "땅 끝까지 복음을 전하라"는 말씀에 순종하겠다고 서원하는 시간이다.


## 가정교회 예배 순서

### 1) 보고와 나눔

단순히 광고의 시간이라기보다는 예배를 위한 만남에서 반가운 인사와 서로의 관심사를 나누는 시간이다. 가정교회장은 지난주 있었던 교회 행사와 금주에 예정된 일들을 알리는 시간이며, 교인들은 지난 한 주간에 있었던 애경사에 대하여 격려와 축하를 하는 시간이다.

예배에 들어가기 전 보고와 나눔의 시간을 먼저 갖는 것은 인간사에 관한 문제를 내려놓고 예배에만 집중하기 위해서다. 예배는 사람에게 영광을 돌리는 것이 아니라 하나님께 영광을 돌리는 행위이기 때문이다.

### 2) 묵상의 시간

묵상으로 예배를 시작한다. 마음을 정화하고 청정하게 하여 내 안에 하나님을 모시는 시간으로 하나님이 임재하셔서 예배를 통하여 존귀와 영광을 받으실 것을 서원하는 시간이다.

### 3) 개회 찬송

개회 찬송은 하나님께 감사와 송영을 드리는 시간으로 '찬양과 경배'를 주제로 하는 찬송을 즐겁고 경건한 마음으로 한다. 가정교회 예배에서 여건상 피아노 반주에 맞춰 찬송을 하기 어렵기 때문에 오디오 기기에 녹음된 반주를 이용할 수 있다.

## 4) 회개와 용서의 기도

지난주의 생활 가운데 하나님의 뜻에 합당하게 살지 못한 점을 회개하고 용서를 빌며 예배를 통해서 하나님과의 새로운 관계를 정립하겠다는 기도를 한다. 먼저 공적으로 잘못된 삶을 회개한 다음 자신이 하나님의 뜻에 합당하지 못했던 점을 회개하고 용서를 비는 기도를 한다.

## 5) 대표기도

목양 기도라고도 하는데 대표자가 회중을 대신해서 참회, 용서, 감사, 중재, 헌신과 결단을 표시하는 기도이다. 모든 교회, 인류, 교인들의 화평과 당일의 예배를 놓고 하나님의 인도하심과 도움을 요청하는 기도를 한다.

## 6) 주제 찬송

그날 말씀의 주제에 맞는 찬송을 한다. 가정교회에서는 성가대 운영이 어렵기 때문에 찬송가 CD나 영상의 찬송을 회중이 함께 따라한다. 때로는 가정별로 특별 찬송을 하거나 중창단을 구성하여 찬송한다.

## 7) 말씀의 새김

새김의 뜻은 '말씀을 기억한다' '말씀을 해석한다' '말씀을 되새긴다'는 의미를 갖는다. 이 시간 선택한 본문을 청중이 같이 훈독하며 그 말씀을 해석하여 삶에 적용하도록 한다. 말씀을 묵상하며 말씀을 화육하는 시간을 갖는다. 가정교회장은 평신도로서 기존의 설교 방식과 같은 설교를 하기는 어렵다. 다른 목사의 설교 동영상을 같이 시청하고 소감을 나누거나 봉독한 본문을 가지고 토론을 할 수 있다.

## 8) 결단의 찬송과 합심기도

결단의 찬송은 말씀을 새기고 그 말씀대로 살겠다는 결단과 확신을 표현하는 찬송을 한다. 찬송 후에 하나님의 나라를 위해 일하겠다는 확신과 결단의 합심기도를 한다.


## 고려 사항

- 헌금은 각자 성전에 비치된 헌금함에 봉헌한다.
- 축도는 안수받은 목사가 없기 때문에 합심기도로 마치거나 장로 권사 중에서 할 수 있다.
- 예배 후 음식을 나누는 시간을 갖는다.
  교회에서 식사 준비하는 것이 번거롭기 때문에 포트락(Potluck Party)으로 한다.
  (포트락: 각 가정에서 한두 가지 음식을 가져와 나눠 먹는 식사를 말함)


## 작은 교회 예배가 갖는 장점

- 과업 중심이 아닌 사람 중심의 예배를 드릴 수 있다.
- 회중의 요구를 반영하는 예배를 준비할 수 있다.
- 각 사람들의 은사를 예배에 활용할 수 있다.
- 각 사람의 영혼의 끌림에 따라 찬송을 선택할 수 있다.
- 사람들의 경험과 친숙한 본문을 선택할 수 있다.
- 삶의 단계와 관계된 절기 행사, 기념일, 특별 행사 등을 반영할 수 있다.

- 자발적이고 변화의 융통성이 있다.
- 새로운 신자들에게 가족과 같은 느낌을 줄 수 있다.


## 작은 교회 예배에서 고려할 음악과 찬송

- 절기, 설교주제, 회중의 요구 등을 반영한 찬송
- 교인 숫자를 반영한 성가대 구성
- 아카펠라 음악
- 아르바이트 학생 반주자
- Technology 뮤직 활용
- 전자 반주기 사용
- 동영상 활용한 찬송
- 생활에서 접하는 쉬운 악기 연주
- 쉽고 익숙한 찬송
- 전체 교인의 파트별 찬양


## 작은 교회 설교에서 고려할 점

- 대화적 설교를 한다.(설교자와 청중이 묻고 대화하는 설교)
- 사회적 상황과 회중의 생활과 관련된 이야기 설교를 한다.
- 설교 중간에 회중의 삶의 보고나 이야기를 삽입하여 설교를 한다.
- 멀티미디어를 통한 예화, 예증 등을 제시한다.
- 교파를 초월하여 유명한 목사의 설교 영상을 감상하고 대화한다.
- 사회적 이슈나 사건에 대한 성경적인 해답을 찾는다.
- 말씀을 읽고 묵상의 시간을 통해서 느낌과 생각을 나눈다.

# 제9장

# 가정교회의 교회 교육

## 가정교회 교육의 목표

교회교육은 일반교육처럼 단순히 지식과 정보를 제공하는 것이 아니라 인간을 변화시키는 과정에 참여하는 것이기 때문에 그 방법을 달리해야 한다. 교회교육은 사람들을 변화시키기 위해 심정적 만남 안에서 이루어지는 교육이 되어야 한다.

식물이 온실에서 성장하기 위해서는 온실의 환경이 중요하듯이 사람들이 교회 안에서 성장하기 위해서는 교회의 환경과 분위기가 중요하다. 교회교육이 심정적 만남에서 이루어진 심정교육이라고 한다면 가정교회는 심정교육을 위한 최선의 장이라고 할 수 있다. 심정교육은 가족 공동체요, 심정 공동체인 작은 교회 안에서 만나고 참여하여 배우는 과정이기 때문이다.

가정교회교육의 목표는 (1) 신앙이 없는 사람을 교회로 인도하는 것 (2) 신앙인으로 믿음과 고백적 삶을 살도록 하는 것 (3) 하나님의 자녀가 되도록 돕고 이끌어 주는 것이라고 할 수 있다.

## 신앙성장을 위해 고려할 점

### 신앙성장의 목표는 하나님의 자녀가 되는 것이다.

교회교육의 목표는 단순히 도덕적 덕목이나 종교적 지식을 가르치는 것이 아니다. 하나님의 말씀을 화육하여 하나님의 자녀로서의 삶이 되어야 한다.

### 신앙성장은 따뜻하고 환대하는 분위기에서 가능하다.

교회의 따뜻한 분위기는 환경과 사람들의 관계에서 만들어진다. 따라서 교인들이 교회에 오면 안락하고 따뜻한 분위기를 느낄 수 있는 환경을 조성해야 하며, 이러한 환경을 위해서 교회지도자나 평신도들이 온화한 성품을 가져야 한다.

### 신앙성장은 전 목회 영역에서 이루어진다.

교회의 교육은 신앙성장을 위한 보충적 기능이지 유일한 길은 아니다. 신앙성장은 예배, 기도, 봉사활동, 식사모임, 상담 등 전 영역에서 이루어진다.

### 신앙성장은 공동체 안에서 개별화된 교육에 의해 이루어진다.

모든 사람은 하나님으로부터 받은 달란트와 은사가 다르다. 교회교육은 각 사람에게 잠재되어 있는 은사와 달란트를 개발하여 열매를 맺게 하는 것이다. 사람들은 이 결실로 하나님께 영광을 돌리고 하나님은 기쁨을 느끼신다.

**신앙성장은 가족적 분위기에서 이루어진다.**

큰 교회에서는 교인들의 성별, 인종, 나이, 능력 등 특성에 의해 모임이 이루어진다. 그러나 가정교회에서는 이러한 차이들을 넘어서서 하나의 가족이 된다. 한 사람의 가족 구성원으로서의 역할을 통해 신앙은 성장하도록 되어 있다. 작은 교회에서는 세대를 초월하여 같이 모이고 일하고 배울수 있는 장점을 가지고 있다.

**신앙성장은 모든 생태학적 환경에서 이루어진다.**

종교교육이란 사람들로 하여금 피조세계와의 관계성을 발견하거나 강화하는 것을 말한다. 자연과의 관계, 세상과 교회와의 관계, 다른 교회와의 관계 안에서 조화를 이루며 사는 방법을 배우게 된다.

신앙성장은 성서적, 역사적 전통의 이야기가 자신의 이야기라는 확신에서 이루어진다. 신앙인이 교회의 전통과 말씀을 통해서 역사를 배우게 되는 것은 과거의 나의 모습과 미래의 나의 모습을 발견하는 것이다. 하나님과의 관계에서 조상들이 살아온 모습을 통해 오늘 우리의 길을 발견하는 것이다.

## 가정교회 교육의 방법23)

가정교회는 작은 교회지만 전 세대가 모이는 교회이기 때문에 큰 교회에서 시행되는 예배, 전도, 교육, 봉사 등 모든 영역에서 목회 사역이 필요하다. 그러나 대형교회에서 행하는 형식과 방법을 가정교회에서

---

23) David R. Ray, op. cit. pp.

그대로 적용할 수는 없다. 가정교회는 그 특성을 살려 목회 사역이 이루어져야 한다. 다음은 가정교회에서 고려해 볼 수 있는 교회교육 방법에 대한 것들이다.

**– 교회교육은 따뜻하고 친밀한 분위기에서 이루어져야 한다.**
교육을 하는 사람의 친절함과 사랑이 있어야 한다.
**– 교육은 전체적이고 포괄적이 되어야 한다.**
예배, 음식, 배움, 놀이, 돌봄 등이 함께 이루어지는 장이 되어야 한다.
**– 전체이면서 개별화된 교육이 필요하다.**
작은 교회에서는 세대별, 단계별 교육이 어렵다. 따라서 전체가 모이지만 개별적인 눈높이에 맞는 교육이 필요하다.
**– 교회교육은 가족적인 분위기에서 이루어져야 한다.**
작은 교회는 확대된 가정으로 세대간 통합된 교육이 이루어져야 한다.
**– 교회교육에서 교인들은 생태학적인 유기체가 되어야 한다.**
전 교인이 공동체의 한 단위이며 서로 연결되어 있다. 개인은 상호관계 안에서 중요한 원자가 되고 각 가정은 분자가 되어야 한다.
**– 교회교육은 말씀과 교단의 전통에 기반을 두어야 한다.**
말씀과 전통이 교인들의 이야기이며 삶의 기반이 되어야 한다.
**– 교회교육은 경험적이고 상호 반응적이며 실천적인 것이 되어야 한다.**
교회교육은 단순히 이념과 교리를 배우는 것에서 하나님의 자녀로서의 성장과 결실을 위한 실천적인 것이 되어야 한다.


## 어린이 청소년 교육

어린이와 청소년 교육은 가정교회에서 직면하는 어려움의 하나일 것이다. 가정교회는 어린이 교사의 확보, 교육의 장소, 교육의 콘텐츠 등이 부족하다. 그러나 소규모의 학생들에게 개별적이고 눈높이에 맞는 교육을 할 수 있다는 장점을 가지고 있다. 작은 교육에서 실행할 수 있는 교육의 방안은 다음과 같은 것들이 있다.

### – 간세대 예배에 참여한다.

간세대 예배는 부모와 자식, 연령별 연합 등 세대를 초월해 교회의 전통, 신앙문화, 교리 등을 배우고 서로에 대한 관심과 나눔을 실천할 수 있다. 이때 인도자는 예배 순서에서 어린이에 대한 배려를 해야 한다.

### – 각 세대에 맞는 공과를 활용한다.

유치부, 유년부, 초등부, 중고등부 등 세대에 맞는 공과를 제공하여 스스로 공부할 수 있도록 돕는다. 이때 교사에게는 교사용 공과 혹은 교안을 만들어 준다.

### – 주중 저녁 혹은 토요일에 모임을 갖는다.

어린이 혹은 청소년 예배는 주중 저녁 혹은 주말에 별도의 시간을 갖는다. 이 때 교육의 장소는 가정이 되며 교인들이 교대로 교육을 담당한다.

### – 지역교회에서 연합으로 교육을 한다.

토요일 혹은 일요일에 성인들 예배와 별도로 어린이 혹은 청소년 예배를 실시한다. 매주, 격주, 혹은 월 1회 주변의 작은 교회에 소속된 어린이와 청소년들이 지역교회에서 예배를 드리고 교육에 참여한다.

### – 교인들이 교대로 교사의 역할을 한다.

성인들이 지역교회를 통하여 교사로서의 역할과 교육의 방법을 교육받고 교회학교의 교사가 된다.

# 제10장

# 가정교회의 선교활동

가정에서 자녀의 출산이 이루어지지 않으면 가계는 이어지지 않는다. 마찬가지로 선교가 되지 않으면 교회는 활력을 잃고 쇠퇴하고 만다. 가정교회도 마찬가지다. 선교는 가정교회의 핵심 사명의 하나이다. 가정교회의 핵심 사명은 하나님의 백성을 찾아 양육하는 것이다.

선교란 이웃을 찾아가 하나님의 말씀을 전하는 것이라는 전통적인 관념에서 벗어나 하나님 백성들의 삶 자체가 되어야 한다. 선교란 평화롭고 행복하게 사는 하나님의 나라 백성들의 삶을 보여주는 것이다. 하나님을 모르는 이웃 사람들이 나도 저 공동체의 가족이 되어 함께하고 싶어 찾아오는 것이 선교다.

선교란 이웃과의 관계 맺기다. 낯설었던 이웃이 친숙하게 되고 형제가 되어 하나님의 뜻과 사랑을 공유하는 것이 선교다. 예수 그리스도가 그랬듯이 하나님의 백성들의 모임에 이웃을 초대하여 같이 식사하고 이야기하는 것이 선교의 전형이다. 이웃 사람들이 하나님 백성들의 모임에 초대됨을 감사하고 기도와 찬송을 하며 말씀을 나누는 것이 예배이며 선교이다.

## 선교를 위한 공동체 문화

- 선교는 하나님의 나라 잔치에 초대하는 것이다.
- 사람들은 좋은 공동체의 일원이 되기를 원한다.
- 초대된 교회가 따뜻한 가정과 같아야 한다.
- 초대된 사람들의 요구를 잘 이해해야 한다.
- 공동체의 의미있는 일에 참여하게 한다.
- 교회사역에 재미와 보람을 느껴야 한다.
- 사랑에는 조건과 한계가 없다.
- 성장과 양육을 통해 삶이 변해야 한다.


## 선교를 위한 단계24)

- 어떤 공동체를 세울 것인가? 우리 교회와 공동체를 위한 희망과 한계
  는 무엇인가?

  만약 하나님께서 당신의 교회에 찾아온다면 칭찬할 사항이나 실망
  할 사항은 무엇인가?
- 성구나 말씀 중에서 선동적이고 적당한 선교에 관한 구절을 찾아라.

  그것을 가지고 교회의 선교 목표와 비전으로 삼아라.
- 자신의 교회 선교에 대한 현재의 위치는 어디인가를 이해한다.

  그것에 대한 윤곽을 설정하고 말씀에 따른 선교의 방향을 설정한다.
- 당신 교회가 존재하는 핵심 가치는 무엇인가?

  지금까지 지켜왔던 핵심 가치는?
- 당신의 교회에서 실천할 수 있는 선교 방법에 대한 리스트를 만든다.

---

24) Ibid. 185-187쪽.

역사, 개성, 스타일, 분위기, 자원 등의 측면에서 리스트를 만든다.

다음 4가지 사항에 대한 토의와 결과는?
  * 당신 교회에서 정말 잘 할 수 있는 일은?
  * 당신(지도자)의 특별한 소질과 자원은?
  * 교인들이 현재 관심을 갖는 이슈, 욕구, 사람은?
  * 교인들이 경험한 이슈, 욕구, 사람은?
당신 교회 주변에서 특별한 강점에 대한 리스트를 만든다.(15개 정도)
  우선순위로 리스트를 만든다. 교회 주변으로 범위를 한정한다.
당신이 선교계획을 실천하려고 할 때 장애가 되는 요인들은?
  외형적인 장애와 의식에 있어서의 장애를 구분한다.
선교전략에서 유용하게 사용할 수 있는 자원은?
  물질적인 면과 인적 자원에서의 자원
  교회 안의 자원과 교회 밖의 자원
당신이 확신하고 결정한 전략에 대하여 구체적으로 연구한다.
  * 당신이 가장 관심을 갖는 분야에 대한 실천방안은?
  * 당신이 해야 할 다른 영역은?
  * 당신이 결정한 전략을 실천하기 위해 어떤 단계가 필요한가?
  * 이 전략을 실천하기 위하여 비용은 얼마고 어떻게 조달할 것인가?
  * 이 전략을 실천하기 위하여 어떤 사람이 필요한가?
  * 이 전략을 실천하기 위하여 주변으로부터 어떤 도움이 필요한가?
  * 언제 시작할 것이며 시작하면 일어날 상황들은?
  * 함께 일할 사람은 누구이며 그들을 언제 어디서 만날 것인가?

이 선교 프로젝트 성공을 위하여 손을 맞잡고 기쁘게 찬양하며 기도하고, 음식을 나누며 하나님의 축복과 함께 나가자.

# 제11장

## 가정교회의 목회 돌봄[25]

가정교회의 현저한 특징은 관계적이라는 점이다. 구성원 간의 유기적이고 친밀한 관계가 목회의 역점 사항이다. 교회 구성원의 숫자가 적기 때문에 서로에게 관심을 가질 수 있고 서로 나누고 섬길 수 있다는 특징을 갖는다. 가정교회 구성원들은 하나님이 그들을 부르신 이유를 세상 사람들을 돌보라는 것으로 받아들인다.

가정교회는 특성상 대형교회에 비해 서로를 돌볼 수 있는 여유가 있다. 대형교회는 교회의 조직 관리, 행정적 일처리, 행사 등에 시간을 많이 할애해야 하지만 가정교회는 이러한 행정적인 일처리를 위한 시간이 적게 소요되기 때문에 서로 돌봄을 위한 시간을 많이 가질 수 있다.

가족이 운영하는 패밀리 마켓에 생필품을 다 갖추어 놓았듯이 가정교회는 교인과 세상을 위한 돌봄을 다양하게 전개할 수 있다. 그리고 작은 교회의 돌봄은 형식과 의무감에 의한 것이 아니라 진정한 마음으로 서로 돌볼 수 있다. 위기에 처하고, 상처 입은 영혼을 돌볼 수 있다는 특징을 갖고 있다.

---

25) Ibid. 159-168쪽.

# 공동체 세우기

- 교인들에 대하여 더 많이 알고 그들을 도울 수 있는 방법을 개발한다.
- 교인들의 삶과 모습을 추억할 수 있는 앨범을 만든다.
- 교인들을 영원한 방문객이 아니고 공동체의 일원이 되게 한다.
- 주기적으로 교회 사정에 맞는 사랑의 공동식사 자리를 만든다.
- 각 그룹별 사회적 이벤트를 계획한다.
- 그룹별 기도회나 명상의 시간을 갖는다.
- 주기적으로 갱신하여 전 교인들의 사진을 걸어놓는다.
- 년 1회 혹은 2회 교인들의 인명부(상담카드)를 만든다.
- 단체 카톡방을 만들어 대화의 장을 만든다.
- 그룹별 수양회를 갖는다.
- 주기적으로 휴식과 놀이를 위한 모임을 갖는다.
- 신도들의 삶의 모습을 동영상으로 만들어 준다.
- 가정을 순회하며 회의나 말씀공부 가사 돕기 등을 실시한다.
- 교인들과 함께 교회 청소나 성전 꾸미기를 한다.
- 교회 인터넷 카페를 만들어 지식과 정보를 교환한다.
- 교인들을 취미 그룹, 말씀 공부 그룹, 봉사 그룹 등에 참여시킨다.


# 지도자의 목회적 돌봄

- 교인들의 말에 경청하는 자세를 갖는다.
- 중환자실에 있는 환자의 가족과 함께 있어준다.
- 임종 환자와 함께 있어주고 가족을 격려한다.
- 환경이 허락한다면 주민을 위한 차와 물을 제공한다.

- 정기적으로 교인들의 삶을 위한 상담을 한다.
- 그룹 e-mail을 통하여 교회소식, 좋은 교훈, 생활의 지혜 등을 보낸다.
- 인터넷 카페에 교인과 가족의 파일을 만들어 관리한다.
- 주변의 의사 혹은 변호사와 친분을 가지고 교인들이 필요할 때 도와준다.
- 계속교육(평생교육)에 참여하여 목회적 능력을 향상시킨다.
- 교인들의 건강을 돌보아 줄 수 있는 지식을 개발한다.
- 교인들의 통과의례나 가정 애경사를 집전할 때 사전 상의한다.
- 교인들의 갈등에서 용서와 화해의 중재자 역할을 한다.
- 교인들의 애경사, 기념일 등을 기억할 수 있도록 문자나 이모티콘을 보낸다.
- 교인들에게 안부 전화 혹은 안부 메시지를 보낸다.
- 사전 협의를 한 다음 교인들 집을 심방한다.
- 교인들의 직장이나 사업장에 들러 같이 식사 혹은 차를 나눈다.


## 평신도에 의한 목회적 돌봄

- 평신도 가운데 목회적 돌봄을 위한 조력자(coordinator)를 세운다.
- 목회적 돌봄을 위한 팀을 만들어 교인들의 애경사를 돕는다.
- 교회 주변에 고통받는 사람들의 리스트를 만들어 돕는다.
- 전문성과 능력 있는 교인을 세워 곤경에 처해있는 사람을 돕는다.
- 어린이나 청소년을 위한 리더십 훈련을 할 수 있는 평신도 지도자를 세운다.
- 가정교회장이 외유 중일 때 목회적 돌봄을 할 수 있는 평신도 지도자를 키운다.

- 릴레이 기도(연결기도)를 할 수 있는 기도팀을 만든다.
- 교인들의 생일이나 결혼기념일 등에 카드 및 문자를 보낸다.
- 변호사, 의사, 상담사 등을 세워 위기관리에 대한 워크숍을 한다.
- 교인이나 교회 주변사람들을 위한 nursing 프로그램을 시작한다.
- 고통받는 사람들을 위한 기도회를 실시한다.
- 학생들이나 청년들이 중심이 되어 사회봉사 프로그램을 실시한다.
- 교회의 풀타임 봉사자를 위한 격려 프로그램을 만든다.
- 원로 식구들과 함께 심방할 수 있는 팀을 만든다.
- 교회 예산의 일정 부분을 목회적 돌봄의 예산으로 편성한다.
- 말씀공부, 기도회 등을 이끌어 갈 수 있는 평신도 지도자를 기른다.


## 예배, 기도, 영성을 통한 목회적 돌봄

- 예배에 참석하지 못한 교인들을 위하여 예배에 대한 영상을 보낸다.
- 예배 처음 부분에 공동체를 세우는 인사나 짧은 대화시간을 갖는다.
- 일 년에 몇 번 사랑과 용서를 위한 기도 및 설교 시간을 갖는다.
- 대표기도 전에 관심과 기쁨을 나누는 시간을 갖는다.
- 예배나 일상생활에서 고통받는 사람을 위한 치유의 시간을 갖는다.
- 교인들의 통과의례에 관한 날들에 대한 축하 잔치를 한다.
- 각 교인들이 좋아하는 찬송 3곡을 리스트에 올려 그를 위한 시간
  에 부른다.
- 예배의 마지막 부분에 평화의 인사 혹은 악수를 한다.
- 예배에 참석하지 못한 사람에 대해 관심을 갖고 배려한다.

# 교회의 외적 목회 돌봄

- 비교인도 편안하게 교회에 들러서 기도하고 명상할 수 있는 분위기를 만든다.
- 교인들이 헌혈 스폰서가 되어 헌혈에 참여한다.
- 노숙자, 독거노인 등에게 식사 제공, 일거리 제공 등의 프로그램을 운영한다.
- 주민들이 서로 만날 수 있는 장을 마련한다.
- 주민들을 위한 바자회를 연다.
- 어릿광대, 단막극, 합창단 등 양로원 위문 프로그램을 운영한다.
- 무더운 여름 분주한 거리에 냉수 정수기를 비치한다.
- 마을 행사에 커피 및 차를 제공한다.
- 고통받는 사람들을 돌보는 팀을 만든다.

제2부

소그룹 운영의 이론과 실제

# 제1장

# 왜 소그룹인가?

## 현대사회와 소그룹

현대 문화의 특징은 고립화, 대극화(對極化), 인간의 물질화 등이다. 이러한 문화의 바탕에는 개인주의적 사고가 깔려있다. 개인주의적 사고는 인간을 공동체에서 소외시키고 너와 나를 경쟁자로 만든다. 오늘날 SNS의 발달은 이러한 상황을 더욱 부추기고 만남과 대화의 기회를 축소하게 만들었다.

현대의 My Home주의(내 가족 중심주의)는 더불어 사는 사회를 가로막고 있다. 오늘날 어린이들은 핵가족에서 태어나 많은 형제들 사이에서 자라지 못하기 때문에 자기중심적이고 이기적인 사람으로 성장하는 경우가 많다. 가정에서 여러 명의 형제자매 속에서 성장하면 타인에 대한 이해와 배려 등을 배울 수 있으나 한 자녀로 자라게 되면 자기중심적인 사고를 가질 수 있다.

어린이가 학교에 들어가면 또래 그룹에 접하게 되지만 오늘날 학교교육은 성공과 출세를 위한 경쟁의 장이 되고 있기 때문에 공동체에서 배워야 할 인간관계와 인성적인 면을 제대로 배울 수가 없다. 특히 한국의 학교 교육은 교사 중심이고 교과 중심의 교육이기 때문에 사회성

발달을 위한 교육이 부족하다.

학교를 졸업하고 직장 생활도 마찬가지다. 현대의 직장은 그룹으로 이루어진 조직사회이지만 칸막이 공간에서 각자 컴퓨터로 일을 하거나 재택근무가 성행하고 있는 직장의 업무 형태가 인간을 고립화시킬 수밖에 없게 되었다. 그룹의 구성원 간에 서로 상면적이고 상호의존적인 업무가 이루어지지 않는다. 업무의 프로세스가 기계화되고 전문화되었기 때문에 인간도 기계화, 물질화에 함몰되어 가고 있는 것이다.

IT(정보화 기기) 산업의 발달로 인해 서로 대면하여 일을 하거나 그룹으로 협업할 필요성이 감소되었다. 정보화기기에 의해 소통을 하고 정보화기기에 의하여 정보를 수집하게 되므로 업무를 놓고 서로 만날 필요성이 없게 되었다. 따라서 얼굴을 맞대고 감정을 주고받거나 깊은 인간관계를 맺을 수 있는 기회를 상실하게 되었다.

작금에 코로나19 팬데믹으로 인해 개인주의, 가족중심주의, 다운사이징(축소화), 온라인 가상공간 등의 사회로 대전환이 이루어지고 있다.[1] 코로나19 팬데믹은 사회적 거리두기, 비대면으로 사람들을 갈라놓았고 집콕(집에 틀어박혀 있음), 혼밥(혼자 식사), 혼놀(혼자 놀기)이라는 신조어까지 등장하였다. 이렇게 혼자 있는 생활이 많다보니 자연적으로 소외감, 우울감으로 시달리는 사람들이 증가할 수밖에 없다.

코로나19 팬데믹은 현대인들에게 스트레스, 불안, 은둔, 우울감 등의 신경정신질환 등의 문제를 더욱 증가시키고 있다. 소상공인, 서비스 산업, 종교계, 학교 등의 현장에서 일하는 사람들도 코로나 팬데믹으로 경제적인 면과 심리적인 면에서 공황상태에 빠져들고 있다. 코로나가 일상이 되는 위드 코로나(With Corona) 시대가 되면 소외감, 우울감, 고립감 등은 더욱 가중될 것이다.

---

1) 소강석 『포스트 코로나, 한국교회의 미래』

코로나19 팬데믹의 여파로 교회 또한 직격탄을 맞게 되었다. 교인수의 감소, 헌금의 감소, 신도들의 개인주의적 경향성 등으로 심각한 위기에 봉착해 있고 과거의 목회 패러다임을 전면적으로 바꾸라는 압력을 받고 있다. 예배, 전도, 종교교육, 목회 상담 등의 분야에서 패러다임의 전환이 이루어지지 않으면 교회는 생존의 위협을 받게 될 수밖에 없게 되었다. 목회의 모든 분야에서 소그룹 활동, 비대면 만남, 치유 목회 등의 새로운 방식의 목회 패러다임이 요구된다.

## 한국인의 심성과 소그룹

집단을 이끌고 갈 때 구성원의 가치관, 성격, 그리고 교육적 배경은 집단의 성격과 집단의 과정에 큰 영향을 미친다. 한국인은 '우리'라는 집단의식은 있으나 모래알 같은 기질을 가지고 있어 개별적으로는 우수하지만 단합성이 부족하다. 한국인은 '우리' 의식이 강하지만 그것은 혈연이나 지연을 중심삼은 '우리의식'으로 집단에 부정적인 영향을 미칠 수 있는 의식이다. 구성원들이 '우리의식'이 강하면 집단은 있으되 패거리와 같이 비생산적인 집단이 될 수 있다. '우리의식'은 타 집단에 속한 사람들에게 배타적이고 집단 이기주의에 빠질 수 있는 위험한 의식이 될 수 있다.

한국 사람의 특징 가운데 가장 현저한 특징이 인정(人情)이다. 인정 또한 집단을 효율적이고 합리적으로 이끄는데 부정적인 요소가 될 수 있다. 한국인은 인정을 기반으로 한 혈연, 지연, 학연 등이 인간관계가 많다. 이러한 인간관계는 사조직화 될 수 있고 합리적인 집단과정을 이끌어가는 데 걸림돌이 될 수 있다.

한국인의 체면치레 즉 겉치레는 집단과정에 걸림돌이 될 수 있다. 집단과정은 진술한 자기 개방과 자기표현이 필요한데 체면치레가 많으면 적당히 감추거나 자기감정을 가장할 수 있다. 체면치레가 많은 사람이 모인 집단은 의사소통이 활성화될 수 없고 집단이 지향하는 본래의 방향대로 진행될 수가 없다.

우리나라 사람들은 학교교육을 통해 교사중심, 지식중심의 주입식 교육을 받아왔기 때문에 집단에서 자기를 표현하고 합리적 의사결정을 하는데 서툰 면이 있다. 집단에서 주체가 되어 적극적으로 참여하지 못하고 집단에 순응적이 될 수 있으며 몇몇의 자기주장이 강한 사람에 의해 집단이 좌지우지 될 수 있다. 이러한 한국인의 특성으로 볼 때 소그룹 모임을 통해 의식과 문화를 바꿀 필요가 있다. 소그룹에서 상호의존, 쌍방 의사소통, 협동의식 등을 배워야 한다.


## 미래의 교회형태와 소그룹

미래를 예측하는 학자들에 의하면 미래의 교회는 대형교회가 퇴조하고 소그룹 교회가 주류를 이룰 것이라고 한다. 그것은 현대인들은 권위적이고 형식적인 조직을 기피하는 현상이 있기 때문이다. 한편 코로나19 팬데믹의 상황에서 사회적 거리두기, 비대면 목회활동을 해야 하기 때문에 자동적으로 소형 교회를 지향할 수밖에 없게 되었다.

현대인들은 누구에게 종속되기를 싫어하고 권위에 복종하기를 싫어한다. 조직에 주인으로서 참여하기를 바라고 지도자와 파트너가 되기를 원한다. 따라서 대형교회에서 조직의 한 사람으로 있기보다는 가족과 같은 사랑으로 결속된 구성원이 되기를 바란다. 한 지도자의 지휘 아래 획일적으로 움직이는 회중이 아니라 회중의 중심이 되는 교회를 원한다. 따라서 미래 교회는 개인주의, 가족주의, 이기주의, 건강 우선주의 등의 영향을 받아 작은 교회를 지향하게 될 것이다. 작은 교회는 전도나 프로그램 목회보다 공동체 안에서 친교, 교육, 치유 등에 중점을 둘 것이다.[2] 미래 교회는 다음과 같은 소그룹 중심의 교회가 될 것이다.

## 평신도 중심의 교회

평신도의 지식 수준이 높고 이해가 빠르기 때문에 지금과 같은 권위적이고 일방적인 설교 형태보다는 소그룹 안에서 성서를 읽고 해석하여 말씀을 삶에 적용하게 될 것이다. 현대 목회는 종교 개혁자 루터가 말한대로 만인사제직이 적용될 것이다.

## 가족형의 교회

가정은 출산을 하여 가계(家系)를 이어가는 기능, 생산과 분배의 기능, 자녀를 양육하는 교육적 기능, 오락과 휴식의 기능 등이 있다. 교회는 하나의 확대된 가정이라고 할 수 있기 때문에 가정과 같은 기능을 해야 한다. 그러나 대형교회는 가정의 이러한 기능을 수행하기에 적합하지 않다. 물론 전도, 경제적 분배, 교육, 오락 등의 기능을 더 큰 규모로 수행할 수 있으나 가정에서와 같이 사랑을 바탕으로 한 교회의 기능을 수행하기는 쉽지 않다. 따라서 미래의 교회는 가정과 같은 소규모의 교회가 주류를 이룰 것이다.

---

2) 이성희 『미래목회 대예언』(서울, 규장문화사, 1998) 참조.

## 교육 공동체

현대 종교교육은 교사 중심, 교리 중심, 암기 중심을 지양하고 그룹에 참여하여 토론하며 과제를 해결하는 교육이다. 그룹에 참여하여 표현하고 행함으로써 의식을 바꾸고 행동을 바꾸게 된다. 교인들은 선교를 위한 기동부대적 조직체제가 아니라 교육 공동체 안에서 안정적인 변화와 성장을 경험하게 된다.

## 개교회주의와 교회 간 연합

대부분의 교회는 교단 혹은 교파에 소속된 중앙집권적 교회다. 미래 교회는 이러한 교단이나 교파에 소속되지 않고 독립적이고 개별적인 교회가 주류를 이룰 것이다. 이러한 개별 교회는 가정교회 형태가 될 것이며 이웃 교회 간의 연합활동이 이루어질 것이다.

## 치유와 건강을 돌보는 교회

코로나 이후 사람들은 건강과 웰빙에 대한 관심이 많아졌다. 교회는 교인들의 건강 상담과 치유의 사역이 목회의 중심이 될 것이다. 교회는 Well Bing(전인건강), Well Aging(건강한 노령화), Well Dying(아름다운 죽음 준비) 등을 위한 목회 사역에 역점을 두어야 한다.

결론적으로 인간의 기계화, 소외화, 고립화 현상이 점점 심화되는 현대사회에서 소그룹이 활성화될 것이다. 따라서 교회가 해체되지 않기 위해서는 가정교회론의 정립과 효과적인 운영 기술이 개발되어야 한다.

# 제2장

# 소그룹이란 무엇인가?

## 소그룹의 정의

흔히 소수의 사람들로 구성된 모임을 소그룹이라고 한다. 그러나 비록 작은 숫자가 모였지만 지도자에 의해 일방적으로 선택되고 운영되는 형태의 그룹은 진정한 소그룹이라고 할 수 없다. 현대인들은 민주주의, 자유주의, 개인주의 영향을 받아 무조건 누구에게 종속되거나 지배받기를 원하지 않는다. 행동에 있어서 주체적인 선택과 결정을 원한다. 이러한 현대인들의 특성을 반영하기 위한 것이 소그룹 활동이다.

소그룹에서는 그룹 구성원 한 사람 한 사람이 주체이며 대상이다. 따라서 소그룹의 지도자는 무엇보다 그룹이 활성화될 수 있도록 촉진자 혹은 안내자의 역할을 하게 된다. 그는 지도자이면서 멤버고 멤버이면서 지도자다. 소그룹에서는 각자가 그룹의 주인이고 구성원들은 상호 의존하고 상호 영향을 준다.

소그룹은 다양한 형태를 가지고 있고 그 목적과 과정이 다르기 때문에 정확한 정의를 내리는 것은 어렵지만 소그룹이 갖추어야 할 요건은 명확하다. 말콤 놀스(Malcolm S. Knowles)는 그룹은 '확실한 회원' '그룹의식' '공동의 목적의식' '욕구충족을 위한 상호의존' '상호작용' '통일된

방식의 행동 능력' 등을 구비해야 한다고 했다.[3] 넓고 포괄적인 의미를 담아 소그룹에 대한 정의를 내리면 다음과 같다.

"그룹이란 두 사람 이상의 멤버로 구성되어 주어진 환경 속에서 공통의 목표를 추구해 나가는 모임이다.[4]"

이 정의에서 그룹이라는 개념을 구성하는 키워드는 구성원의 수, 주어진 환경, 공통의 목표, 모임 등이다.

## 구성원

그룹은 최소 두 사람 이상으로 구성되며 인지할 수 있는 명칭과 유형을 가지고 있다. 보통 몇 사람으로 구성되느냐에 따라 소그룹과 대그룹으로 구분한다. 그러나 몇 명 이하로 구성될 때 소그룹이고 그 이상으로 구성될 때 대그룹이라고 말하는 것은 어렵다. 같은 수의 구성원이라도 그룹의 특성에 따라 소그룹 형태의 그룹이 될 수 있고 대그룹 형태의 그룹이 될 수 있기 때문이다.

소그룹에서 적당한 인원이란 그룹을 활성화시킬 수 있고 그룹 구성원들 간에 원활한 의사소통을 할 수 있으며, 그룹이 추구하고자 하는 목표를 효과적으로 수행할 수 있는 구성원 수를 말한다. 교회 사역에서 적당한 소그룹 구성 인원은 6명에서 12명 정도이다. 이 정도의 인원으로 그룹이 구성될 때 역동적인 의사소통과 효과적인 그룹의 목표를 성취할 수 있다.

---

3) Malcolm S. Knowles and Hulda F. Knowles, *Introduction to Group Dynamicst*(서울: 대한기독교교육협회 편, 『그룹다이나믹스 입문』, 대한기독교교육협회, 1982.
4) C. Gratton Kemp, *Small Groups and Self Renewal*(New York: The Seabury Press, 1991), 36쪽.

## 그룹의식

구성원들은 공동체의 한 구성원이라고 생각하고 '집단적인 일치 의식'과 상호 간에 의식적인 연결을 가지고 있어야 한다. 아무리 좋은 형태의 소그룹이라도 주인이라는 의식과 구성원들과의 심리적인 연결을 의식하지 못하면 진정한 소그룹이라고 할 수 없다. 소그룹이 구성되기 위해서는 시간과 공간적으로 같이 있으면서 의식이 연결되어 있어야 한다. 시간과 공간상에서 단순한 모임(Meeting)이 아니고 의식이 연결되는 참만남(Encounter)이 되어야 한다.

## 주어진 환경

그룹 활동은 교회, 학교, 사회단체, 회사 등 다양한 분야에서 활용되고 있다. 하나의 단체에서 소그룹을 운용하는 것은 그 단체가 추구하는 목표를 효과적으로 성취하기 위해서다. 한 사람의 의견보다 여러 사람에게서 더 좋은 아이디어가 창출될 수 있고 구성원의 참여를 진작시킬 수 있으며 구성원의 만족도를 높일 수 있다.

소그룹은 공식적 그룹일 수도 있고 구성원들 임의로 구성한 비공식적 그룹일 수도 있다. 공식적 그룹은 단체의 하위 그룹의 성격을 갖고 상위 그룹에 기여하고자 하는 목적으로 구성되는 경우가 많으며 비공식적 그룹은 구성원들의 욕구를 달성하기 위하여 자발적으로 구성되는 경우가 많다.

## 공동의 목표

그룹은 생산성 향상, 정보의 교환, 친목 도모, 조직의 활성화 등을 추구하는 목표를 갖는다. 비공식적 그룹은 대부분 친목과 화합을 위한 목적을 갖지만 공식적 소그룹 모임은 교육, 상담, 치유 등의 목적을 갖는다. 따라서 소그룹의 유형을 넓게 분류하면 교육적 그룹, 개발적 그룹, 치료적 그룹으로 나눌 수 있다.[5]

교육적 그룹은 교사 중심의 수직적 교육 형태에서 피교육자 중심의 수평적 그룹을 지향한다. 소그룹 과정을 통하여 피교육자 중심의 참여학습, 경험학습 등의 형태를 갖는다. 교육적 그룹에서는 가치관 향상, 정보의 교환, 연구과제 해결 등을 위하여 소그룹이 활용된다.

개발적 그룹은 조직의 응집력과 활성화를 지향하는 그룹이다. 이 그룹은 과제그룹이라고 할 수 있다. 해결해야 할 과제를 공동으로 대처하고 개발하기 위한 그룹이다. 여기에는 리더십, 멤버십, 의사소통, 갈등해결, 과제 해결 등을 위한 그룹이 있다.

치료적 그룹은 집단상담 형태로 이루어지며 그룹 안에서 개인의 자아 성장과 대인관계 개선 등을 위한 그룹이다. 이 그룹에서는 상담심리 전문가를 촉진자로 하여 상호의존, 상호 영향을 주고받음으로써 자신의 문제를 인식하고 스스로 해결할 수 있는 역량을 길러주는 그룹이다. 대부분의 집단상담 그룹이 여기에 속한다.


### 상호작용

구성원들 간에 상호작용을 통해 서로 영향을 주고받는다. 소그룹은 상면적이며 상호의존적이다. 구성원들이 이 모임에 참여해 목적을 달성하기 위해서는 서로의 도움을 필요로 한다. 그룹의 목적과 개인의 목적을 일치시키고 개인의 역할을 수행하면 구성원들의 의식 향상과 성장을 도모할 수 있다.

---

5) C. Gratton Kemp, op. cit. 42쪽.

## 소그룹의 주요 개념

소그룹을 이해하기 위해서 소그룹에서 사용하는 주요 개념을 이해하는 것이 중요하다. 소그룹의 정의, 특성, 과정을 말할 때 많이 사용되는 주요 개념들은 다음과 같다.

**소집단(Small Group):** 보통 3명에서 12명 정도의 인원으로 구성된 집단이다. 소그룹 연구자들은 구성원들의 충분한 자기표현과 친밀감을 극대화할 수 있는 적정 인원을 6명 내외로 보고 있다. 구성원 모두가 참여하고 관심을 가질 수 있는 적정 인원이다.

**경험학습(Experimental Learning):** 소그룹은 지식 중심의 아니고 경험학습이다. 경험학습은 학생이 직접 참여하여 교육적 주제를 느끼고 이해하는 형식의 학습방법으로 학생중심이고 경험중심의 학습이다. 경험중심의 학습은 학생의 참여를 통해 감정과 느낌으로 배운다는 특징이 있다.

**피드백(Feed Back):** 우리말로 정확하게 표현하기 어려우나 '회신반응'이라고 번역할 수 있다. 그룹 구성원들 간에 상호 관찰을 통해 서로에 대한 느낌을 주고받는다. 소그룹에서 피드백은 과거의 경험이나 자기의 지식에 의한 생각을 표현하는 것이 아니라 '지금 여기서' 상대의 언행에 대한 느낌을 주고받는 것이다.

**구조와 비구조(Structure & Nonstructural):** 구조란 소그룹 진행과정에서 어떤 프레임(틀)에 따라 과정을 진행하는 것을 말한다. 이를테면 의사소통 개발을 위한 소그룹에서 토론 방식이나 토론과정을 제시하고 그 틀에 맞추어 그룹과정을 진행하는 것이다. 비구조 그룹은 아무런 형식이나 짜여진 과정이 없이 소그룹 현장에서 학습의 주제나 학습과정이 정해지고 진행되는 것을 말한다.

**지금 여기서(Here & Now):** 소그룹은 교사 중심의 주입식 교육과 같이 사전에 만들어진 강의 계획서에 의하여 진행되는 과정이 아니고 구성원들과 그룹 환경에 따라 소그룹 활동의 목적과 과정이 정해진다. 즉 지금 여기서 이루어지는 구성원의 말과 행동이 교육훈련의 자료가 된다. 물론 사전에 그룹 활동의 목표가 정해지겠지만 그룹과정에서 일어나는 일을 중심으로 문제를 진단하고 해결을 해나간다.

**그룹 리더십(Group Leadership):** 그룹 훈련의 리더를 지도자나 교사로 부르지 않는다. 소그룹 리더는 그룹의 모든 운영과 과정을 이끌어가지 않는다. 그는 멤버이며 리더이고 리더이며 멤버가 된다. 따라서 그룹 활동이 원활하게 진행될 수 있도록 안내하는 안내자요, 그룹 과정이 활성화될 수 있도록 돕는 촉진자다.

**대결(Confrontation):** 소그룹에서 그룹이 활성화되고 구성원의 변화와 성장이 이루어지기 위해서는 그룹 참여자들의 자세와 역할이 매우 중요하다. 참여자는 솔직하게 자신을 표현해야 하며 그룹 과정의 활성화를 위해 적극적으로 협조해야 한다. 그룹 훈련자는 구성원 가운데 자기를 열어놓지 않고 그룹 과정에 방관자로 있는 구성원과 대결(Confrontation)할 필요가 있다.

## 소그룹의 효율성

그룹은 살아있는 유기체다. 그룹은 개인의 실체가 모인 살아있는 집합체다. 살아있는 집합체로 성장할 수 있고 목표를 성취할 수 있다. 유기체로서의 그룹은 연결(Connecting), 변화(Changing), 성장(Cultivating)을 지향한다. 그룹에서 이 세 요소가 조화롭게 작용하게 될 때 시너지 효과가 나타난다.[6]

그룹에는 생산성이 있는 건강한 그룹이 있고 패거리라고 할 수 있는 건강하지 못한 그룹이 있다. 바람직한 연결, 변화, 성장이 이루어지는 그룹을 건강한 그룹이라고 할 수 있다. 건강한 그룹인가 그렇지 못한 그룹인가에 대한 평가기준에는 다음과 같은 요소들이 있다.

## 목적에 대한 이해와 달성의 가능성

그룹이 형성되면 그 그룹은 목적을 가지고 있을 뿐만 아니라 모임을 가질 때마다 달성하고자 하는 과제를 갖는다. 그룹이 효율적인 그룹인가 비효율적인 그룹인가의 판단은 그 그룹이 설정한 목적과 과제에 대한 분명한 인식과 그것을 성취할 수 있는 능력이 있는가에 따라 판단할 수 있다.

## 전체목적과 개인목적의 조화

건강하지 못한 그룹에서는 전체목적을 위해서 구성원들이 희생하고 봉사해야 한다는 생각을 갖는다. 모든 조직체가 그렇듯이 그룹은 전체목적과 개체의 목적을 동시에 성취해야 하는 이중목적을 지향해야 한

---

6) Bill Search, *Simple Small Group*, BakerBooks, 156-157쪽.

다. 그룹은 구성원들 개인의 성장과 발전을 도와야 하며, 개인은 그룹이 생산적인 그룹이 될 수 있도록 각자의 역할을 해야 한다.

## 문제와 갈등 해결의 능력

인간이 모이는 곳에는 다소간의 차이가 있지만 문제와 갈등이 있기 마련이다. 나약한 그룹은 문제와 갈등을 무시하거나 피해가려고 하지만 건강한 그룹은 문제와 갈등에 직면해서 생산적으로 해결할 수 있는 능력이 있다. 건강한 그룹은 문제와 갈등 해결을 위한 민주적인 의사소통 구조를 가지고 있는 그룹이다.

## 그룹의 응집력과 동화력

그룹의 목적을 달성하기 위하여 그룹 구성원들의 응집력은 건강한 그룹의 척도가 된다. 그룹 구성원들의 협동에 의하여 그룹이 활성화되고 구성원들의 변화에 영향을 미칠 수 있다. 그룹의 응집력은 구성원들의 동화에도 영향을 미친다. 그룹 구성원들이 집단의 문화에 익숙해지고 자기변화에 대한 욕구가 강한 것을 동화라고 한다.

## 상호 영향력

그룹은 상호의존과 상호협력에 의해 활성화될 수 있다. 그룹 구성원들이 상호간에 얼마나 영향력을 미칠 수 있는가는 그 그룹의 효율성을 진단하는 기준이 된다. 그룹 구성원들이 상호 피드백을 나눔으로써 자신을 객관적 자아로 바라볼 수 있게 된다. 그룹은 자신을 비추는 거울이 된다. 그룹 안에서 비춰지는 자신이 객관적 자아다.

## 의사소통결정의 효율성

합리적 조직인가를 판가름할 수 있는 기준은 그 조직의 의사결정 형태와 양태에 있다. 의사결정 과정에서 조직 구성원이 자유로이 참여할 수 있고 민주적으로 의사결정을 할 수 있다면 그 조직은 합리적인 조직이라 할 수 있다. 대부분 그룹 갈등의 원인은 의사소통 구조가 잘못되어 있기 때문이다. 의사결정 과정에서 어떤 사람 독단적 주장을 하거나 혹은 의사소통에서 소외될 때 그룹에서 갈등이 일어난다.

## 능동적인 참여와 권위의 분배

좋은 조직은 구성원들이 그룹과정에 능동적으로 참여할 뿐만 아니라 그룹과정에서 방관자나 소외된 자가 없어야 한다. 그룹을 운영하는데 있어서 리더에 전적으로 의존하지 않고 그룹 구성원에게 권한과 권위가 골고루 분배되어야 한다. 그룹 리더에게 권한과 권위가 독점되지 않고 구성원들 간에 더불어 누리는 권위와 권한을 가져야 한다.

## 융통성과 유연성

그룹과정이 너무 경직되거나 획일적이면 그룹이 목표한대로 진행될 수는 없다. 때로는 구성원의 특성과 의견에 따라 과정의 구조를 바꾸어 볼 수도 있다. 특히 소그룹의 리더는 융통성과 유연성을 가지고 그룹을 이끌어가야 그룹과정이 목표를 향해 원만하게 나아갈 수 있다.

# 제3장

# 소그룹 운동의 역사

## 미국의 소그룹 운동

20세기 이전에는 소그룹 활동에 대한 관심이 미미하였다. 이때의 집단은 통제하기 위한 수단으로 모인 사람들의 집합이라고 할 수 있다. 구성원 개개인은 전체의 목적을 달성하기 위한 하나의 단위에 불과할 뿐이다. 이러한 그룹은 진정한 소그룹이라기보다는 하나의 무리(Aggregate Group)이다.[7] 이 시기 학교 교육은 교사가 학생들이 배울 내용을 결정하여 교사는 말하고 학생은 듣는 형태였다. 직장에서의 조직은 대부분 계층에 의한 조직으로 상사는 말하고 부하는 들어야 하는 일방적 의사소통 구조였다.

1900년대에 들어와서 점차로 개인의 권리와 자유의 존엄성이 인식되었고 개인이 중요한 시대가 되었다. 조직의 구성원이 점차적으로 의사결정에 참여할 수 있는 기회를 갖게 되었다. 집단에서의 구성원은 단지 생산을 위한 수단으로 취급되다가 개인의 자유와 권리를 존중시되면서부터 조직에서 생산성 향상을 위하여 인간관계를 중요시하게 되었다. 이처럼 조직에서 인간관계의 중요성이 인식하게 된 동기는 인간

---

7) C. Grartton kemp, op. cit. 4쪽.

관계가 인간의 심리적 행위발달에 미치는 비중이 높다는 이해에서 비롯되었다. 1900년대 초 존 듀이(John Dewey)의 경험학습 즉 "행위에 의한 배움"(learning by doing)이 새로운 교육의 과정으로 등장하면서 인간관계와 그에 따른 그룹방법을 통한 학습이 중요시하게 되었다.

존 듀이의 경험주의 교육 이후 실용주의(Pragmatism)가 소그룹의 필요성과 활용을 증대시켰다. 실용주의는 과학적이고 실천적인 교육과정에 강한 영향을 미쳤다. 지금까지 전통적 그룹에서 활용했던 권위주의나 편의주의 교육방식과 리더십으로부터 벗어나 민주적이고 합리적인 방식으로의 전환을 이끌게 되었다. 실용주의 등장으로 소그룹 과정에서 '상호 커뮤니케이션' '민주적 의사결정' '그룹 토의' 등의 새로운 방법을 도입하게 되었다.8) 4

1930년대 이후 고전 심리학자 Freud, Adler 등의 심층심리 이론과 그에 따른 심리요법이 등장하면서 집단 심리요법이 활성화되었다. 즉 그룹에서 개인의 심리 이해와 심리치유를 위해서 그룹방법이 사용되었다. 산업사회의 등장으로 비인간화가 만연되고 있을 때 개인의 인격을 중시하는 칼 로저스 (Carl Rogers)의 내담자 중심의 비지시적 상담의 주창은 소그룹의 중요성에 대한 인식과 소그룹 방법이 활성화되는 계기를 만들었다.

인간관계 개선을 위해서 그룹의 유용성과 영향력이 절대적이라는 것을 이해하면서부터 학교, 산업현장, 교회, 사업장 등에서 소그룹운동이 활성화되었다. 이 때 소그룹의 활용은 대부분 조직의 생산성을 높이기 위한 환경개선의 차원에서 이루어졌다. 즉 구성원들의 인간관계 개선이 조직의 생산성을 높일 수 있다는 생각으로 소그룹 방법이 활용되었다.

---

8) ibid, 8쪽.

1950년대 미국에서 그룹운동의 양대 산맥이라고 할 수 있는 T—Group(Training Group)과 BEG(Basic Encounter Group)이 발족되면서 그룹활동이 활성화되기 시작하였다. 미국에 MIT공대를 중심으로 T—Group, 시카고 대학을 중심으로 BEG 그룹이 발족되어 활성화되었다. T—Group은 훈련집단의 아버지라고 불리는 커트 레윈(Kurt Lewen)에 의해 1964년 코네티컷 주 New Britain Teacher College 에서 시작하였고 이후 MIT공대에서 활성화되었다. T—group은 주로 그룹방법을 통한 산업계의 관리자나 간부 리더십, 인간관계의 기술과 방법, 직무상 자기의 직능, 타인에 주는 영향 등의 상호이해와 훈련을 위한 집단이다.

T—Group이 인간관계 개선을 통하여 조직의 생산성을 높이기 위한 조직 개선을 강조한 그룹이라면 만남의 그룹(Encounter Group)은 인간관계 개선을 통한 개인의 성장, 개인의 의사소통, 대인관계 발전 등 그룹 안에서 개인의 치료와 성장을 위한 그룹이라고 할 수 있다. 만남의 그룹은 칼 로저스(Carl Rogers)에 의하여 창시된 그룹으로 실험적 집단과정을 경유해서 대인관계 발전과 개선을 위한 개인적 성장을 강조한다.

1960년대 들어와서 미국의 그룹 활동이 활발하게 진행되고 각계에서 폭넓게 활용되었다. 인간관계 훈련의 집약이라고 할 수 있는 마틴 레킨(Martin Lakin)의 『Interpersonal Encounter』[9]가 출판되어 그룹의 이론과 실제를 소개함으로써 그룹방법을 체계화하고 확산하는데 이바지하게 되었다. 1960년대 초까지 T—그룹과 E.G.그룹은 각각 서부와 동부에서 활발하게 활용되었으나 그 후 T—Group과 E.G.그룹의 경계가 무너지고 두 그룹의 통합으로 나타난 감수성 훈련, 과제그룹, 조직개발 그룹, Gestalt Group, 창조적 Workshop 등 여러 그룹운동들이 활발하게 전개되었다.

---

9) Martin Lakin, Interpersonal Encounter, 차풍로·박근원 역, 『부드러운 혁명』, 현대 사상 총서, 1983.

1970년대 명상이 대중화되면서 명상을 기반으로 한 교육, 치유 등의 그룹 활동이 활성화되었다. 특히 불교명상의 사마타(집중명상), 위빠사나(통찰 명상) 명상이 대중화되면서 이를 응용한 심신치유 프로그램 그룹들이 활성화되기 시작하였다. 서양에서는 존 카밧진(Jon Kabat—Zinn)이 창안한 마음챙김 명상을 기반으로 한 스트레스 완화(MBSR, Mindfulness Based Stress Reduction) 프로그램이 시작된 이후 마음챙김 명상에 기반을 둔 인지행동치료(MBCT, Mindfulness Based Cognitive Therapy), 마음챙김을 응용한 수용전념치료(ACT, Acceptance and Commitment Therapy), 변증법적 치료(DBT, Dialectical Behavior Therapy) 등 많은 치유프로그램들이 활성화되어 병원, 학교, 교회, 직장 등에서 활용되었다.

## 한국의 소그룹 운동

1960년까지 한국은 정치, 경제, 사회적으로 안정되지 못하였고 미국과 문화적인 교류가 활발하지 못한 시기였기 때문에 교육과 치료목적으로 사용된 체계적인 그룹을 찾아보기가 어렵다. 1970년대 들어와 해외 교류가 활발해지고 학문적으로나 문화적으로 미국의 영향을 많이 받게 되어 각계에서 소그룹 방법이 소개되었다.

만남의 그룹으로써 한국 최초로 시작된 소그룹 운동은 빈센트 신부를 중심으로 왜관에서 출발하였다. 이 때 차풍로, 이우정, 문동환 등 대학이나 교회의 지도자들이 그룹운동에 참여하여 그룹을 이끌어가게 되었다. 특히 빈센트 신부는 미국의 선진화된 소그룹 방법을 한국문화에 적용하는데 기여했다.

1970년대 이후 그룹운동이 우후죽순처럼 일어나게 되었다. 1971년 유엔에서 파견된 데니는 주로 몸(Body Work)을 사용한 그룹을 소개하였고, 차풍로, 박근원 교수는 주로 T—Group을, 빈센트 신부는 E.G.그룹을 이끌어 갔다. 감수성 훈련(Sensitivity Training) 계통으로는 김태묵 목사, 이장호 교수 등을 중심으로 그룹활동이 전개되었으며, 감신대학의 이기춘 교수와 대구대학의 우재현 교수는 교류분석 그룹, 이종헌 목사는 인간관계 훈련 그룹을 이끌어 나갔다.

1980년대 이후 인간관계 훈련, 감수성 훈련 등을 응용한 여러 훈련 그룹이 나타났다. 불교 사상과 심리치료를 연결한 그룹으로써 동사섭, 심리치료와 명상을 연결한 명상 아카데미, 기독교 영성과 심리치료를 연결한 하비람과 미내사, 코칭이론을 접목한 그룹, 심리치료와 가족치유를 연결한 가족치료 그룹 등이 우후죽순처럼 생겨났다.


## 한국 기독교의 소그룹 운동

한국교회는 오래전부터 구역예배, 속회 등 소그룹 모임이 있었지만 성경공부나 예배를 위한 모임이었지 진정한 형태의 소그룹은 아니었다. 소그룹 모임은 멤버 중심이며 수평적 의사소통 구조를 가진 그룹중심 모임을 말한다. 그러나 이때의 소그룹은 그룹과정에서 멤버의 참여는 제한되었고 지도자의 리더십에 의존된 그룹이었다.

교회에서 소그룹에 대해 관심을 갖고 소그룹 목회가 활성화된 역사는 길지 않다. 교회가 소그룹 목회에 대한 관심을 갖기 시작한 것은 1980년대 이후 교회 발전의 정체와 교회에 대한 사회적 평판이 떨어지면서 부터이다. 건강한 교회, 성숙한 교인의 내외적인 요구애 대한 부응하여 소그룹에 대한 관심이 고조되기 시작하였다.

1980년대 말까지 주로 UBF, CCC 등 대학 선교단체에서 소그룹 성경공부가 이루어졌고 일부 교회의 대학부나 청년부에서 이들 선교단체에서 사용한 성경공부 교재를 가지고 소그룹 성서공부를 하였다.

1990년대 들어와 사랑의 교회, 성도교회 등이 소그룹 성경공부에 의해 교회 대학부, 청년부가 괄목할만한 성장을 이루게 되자 많은 교회에서 소그룹 성서공부로 인해 활성화되기 시작하였다.

1990년대 중반부터 목회자들은 지금까지 목사 중심, 설교 중심의 사역으로 교인을 성장시키는 데는 한계가 있음을 자각하게 되었다. 교인들의 성장을 위해서는 스스로 말씀공부에 참여하여 말씀의 화육이 이루어지도록 하는 과정이 필요하다고 인식한 것이다. 소그룹 성경공부는 교인들이 참여하고 대화하는 장이다. 목회자와 교인들이 스스로 깨닫고 의식화되는 과정을 위해 소그룹 활동이 필요하다고 인식한 것이다.

소그룹 목회에 대한 관심의 고조와 때를 맞추어 미국의 윌로우크릭 소그룹 운동, 새들백 교회 소그룹 운동 등의 성공 사례와 세렌디피티 모델, 셀처치, 알파코스 등의 소그룹 목회 이론이 봇물처럼 밀려들어오기 시작하였다. 특히 2001년 셀처치의 아버지라고 불리는 랄프 네이버 목사의 한국 셀처치 워크숍은 한국 교회의 셀처치에 대한 관심과 의식을 고양시키는 도화선이었다고 할 수 있다.[10]

2020년부터 코로나19 팬데믹으로 인하여 대형교회, 교파 중심교회 등이 쇠퇴하면서 소그룹 가정교회가 새로운 패러다임으로 등장하고 있다. 코로나 팬데믹으로 인해 사람들은 가정으로 돌아오게 되고 재택근무가 확산되며 가족끼리 모이고 행동한다. 코로나의 발생은 이제 초대교회 형태의 '가정교회로 돌아가라'는 하나님의 메시지라고 생각한다. 따라서 미래의 교회는 가정교회가 대세가 될 것이다.

---

10) 윌로우크릭 교회 소그룹 운동은 Bill Donahu, 송영선 역, 『윌로크릭 교회 소그룹 이야기』(도서출판 디모데, 2002), 새들백 교회 소그룹 운동은 Rick Warren, 김현희·박경범 역, 『새들백 교회 이야기』(디모데, 2018), 등의 책에서 소개하고 있다.

# 제4장

# 소그룹의 유형

## 리더십 형태에 따른 분류

### 권위주의적 그룹(Authoritarian Group)

권위주의적 그룹은 가장 오랜 전통을 가지고 있으며 일반화된 그룹 유형이다. 이 그룹에서는 리더가 그룹 목적을 달성하기 위해 주도적으로 이끌어간다. 권위주의 리더십의 이론적 배경은 협동학습이론(association theory of learning)이다. 협동학습이란 여러 사람이 서로 협조하여 지식과 아이디어를 배우는 것이다.

협조란 여러 사람이 한 개인을 협조하거나 개인 간에 협조하는 형태로 이루어진다. 여기서 협조자는 협조의 내용에서 객관성을 가져야 한다. 즉 구성원들의 상호협조는 내적인 것이 아니라 측정할 수 있는 외적인 환경과 관련된 것이어야 한다. 학습자의 행동변화는 학습자의 외적 조건과 교사의 권위 형태에 영향을 받는다. 학습자의 생각, 느낌, 행동 등은 교사의 권위 형태와 학습자와의 상호관계의 결과로 나타난다.

권위적 그룹에서의 구성원들은 분리된 존재가 되기를 바란다. 구성원 개인의 행동변화는 리더에 의해 동기가 되기를 바라며 인정받기를 원한다. 구성원들은 아이디어나 행동의 다양성을 그렇게 원하지 않는다. 단지 적당한 능력과 가치가 있다고 인정받기를 원한다. 만약 리더가 인정해준다면 자신의 잠재력 개발을 위해 노력하게 된다.

권위주의 그룹 방법을 기반으로 한 교육을 교사중심 교육, 교과중심 교육이라고 한다. 지금까지 학교나 교육기관에서 일반적으로 이루어진 교육방법이다. 그러나 현대 조직사회에서는 권위주의적 그룹이 지양되고 개인을 존중하는 자율 학습, 토론 학습, 문제 해결 학습, 과제 그룹 등 민주적 형태의 그룹방법으로 전환되었다.

한편 권위주의 그룹 방법은 나름대로 유용성을 가지고 있다. 구성원의 문제해결, 구성원의 바람직한 성격 및 행동변화를 위한 교수법으로 교사의 전문적인 지식과 기술을 사용하여 학습자를 적극적으로 이끌어가는 방법이다. 이 그룹에서는 그룹의 리더가 자신의 신념과 결정을 구성원에게 주입하는 방법을 사용한다. 교회, 산업체, 군대, 공공기관 등에서 교육과 치유를 위한 방법으로 유용하게 사용된다. 권위주의 그룹의 장점은 비교적 짧은 시간에 많은 내용을 전달할 수 있다는 점과 신입 구성원들이 그룹에 빠르게 적응할 수 있다는 점이다.

권위주의적 그룹에서의 멤버들은 협조적 자세를 취하거나 긍정적이고 확신에 찬 반응을 보일 수 있다. 반면에 멤버들은 문제에 대하여 어필하지 않고 수동적이고 무관심한 반응을 보일 수도 있다. 그룹에 관련된 계획, 제안, 결정에 참여하는 것을 귀찮게 생각할 수 있고 자신들에게 책임이 주어지거나 다른 사람들에게 협조하는 것을 싫어할 수 있다. 단지 그룹에서 자신의 욕구 충족과 목적을 성취하면 된다고 생각할 수 있다.

이러한 권위주의적 그룹의 리더는 자신의 개입 정도에 따라 멤버의 독립성과 주체성이 비례한다고 생각해야 한다. 그룹 리더의 지나친 개입은 그룹의 활력과 발전에 장애가 될 수 있다는 점을 이해하고 그룹의 운영에 멤버가 적극적으로 아이디어를 내고 제안을 할 수 있는 분위기를 만들어야 한다.

## 민주적 그룹(Democratic Group)

민주적 그룹은 학습이론 가운데 장이론(field theory)에 기초한다. 장이론은 물리학에서 말하는 자장(磁場)과 같이 인간의 마음에 심리적인 장이 있다는 이론이다. 즉 심리현상을 구성하는 요소의 단순한 모임이 아니고 전체가 하나의 장을 만들어 상호의존적인 관계를 이루고 있다는 이론이다. 장(場)이론에서는 그룹 구성원들 각자가 장의 중심에 있고 인간관계로 서로 연결되어 있다는 것을 강조한다.

각 구성원들은 자유롭고 열려진 상호작용을 통하여 다른 사람을 이해하며 그룹에서의 경험이 명료화되고 의식이 향상된다. 그룹에서 배운 지식과 경험은 자신의 상황에 직면한 문제를 직시할 수 있도록 한다. 새로 체득한 지식과 경험은 자신의 욕구를 충족하게 하며 그룹의 과정과 유기적으로 연결된다. 구성원들은 그룹에서 상호 인간관계를 통해 새로운 의미와 가치를 창조하며 자신의 성장과 성취를 통해 삶의 질을 향상시키게 된다.

민주적 그룹의 목적은 구성원들의 욕구를 충족시키기 위해 개인의 잠재력을 개발하고 각자의 욕구를 실현하는데 있다. 자신들의 만족을 위해 서로의 욕구와 능력을 존중하며 각자의 성장과 발달을 위해 돕는다. 자신과 다른 사람들을 더 깊이 이해하고 과정의 목표 달성을 위해 능동적으로 참여하게 된다. 민주적 그룹에서 구성원은 서로 깊이 이해하며 더 성숙한 그룹을 만드는데 책임을 느끼고 사회적으로 생산적인 결과가 나올 수 있도록 그룹 환경을 조성하는데 협조한다.

민주적 그룹의 의사결정 과정은 열려있고 발전적이다. 리더도 구성원의 한 사람이며 구성원들과 똑같은 권리와 의무를 가진다. 리더는 권리를 양보하지 않으면서도 독점하지 않아야 한다. 멤버와 리더의 관계는 공통적 관심과 경험을 협동적으로 다룬다. 그룹과정에 대한 계획과 방향을 함께 결정하며 어떻게 수행할 것인가를 함께 결정한다.

　민주적 그룹의 리더는 조정, 지시, 정보 분석, 제안 등에서 독점하려는 욕구로부터 벗어나야 한다. 그는 구성원들의 의견, 제안, 판단을 존중하고 수용할 수 있어야 한다. 구성원들의 관심과 목표를 명료화하며 그룹과정의 주제 혹은 문제점을 명확히 할 수 있도록 도와야 한다.

　민주적 그룹에서 리더가 멤버에 대해 훈계, 평가, 판단, 지시 등을 할 때 멤버는 그룹에 능동적으로 참여하지 않는다. 멤버는 자신의 의견이 존중되고 수용될 때 그룹에 참여하고자 하는 용기를 내어 기꺼이 다른 사람의 관점에 대하여 배려하고, 자유롭게 토론하고, 때로는 자신의 의견에 대하여 포기 혹은 수정을 한다. 수용적 그룹 분위기가 될 때 활발한 의사소통과 발전적인 의견들이 나오게 된다.

　민주적 그룹의 패턴은 학교, 회사, 교회, 병원 등 광범위한 조직과 단체에서 일을 계획하고 결정하는 과정에서 많이 사용되고 있다. 보통 조직 안에서의 불만과 불평은 의사결정 과정에서 소외된 사람에 의해 나온다. 그러나 계획과 평가 과정에서 자신의 의견이 반영되었을 때는 그 일의 수행에 대해 책임을 느끼고 적극 참여한다.

　그룹 리더는 구성원들이 그룹에 대해 비판적인 생각을 가질 수 있고 그런 생각을 표현할 수 있음을 받아들여야 한다. 한 사람의 생각보다 다수의 생각이 반영될 때 구성원들의 적극적인 참여를 이끌어낼 수 있다. 따라서 리더는 멤버들의 판단과 평가 능력을 존중하고 표현할 수 있는 기회를 만들어야 한다.

## 그룹 중심 그룹(Group-Centered Group)

그룹 중심 그룹의 이론적 기초는 자아이론이다. 자아이론은 본성에 따라 자아실현이 된다는 가정에서 출발한다. 자아는 본성의 동일성을 가지고 환경에 적응 또는 도전하면서 발달하게 된다. 자아의 발달은 생물학적, 행동적, 경험적, 사회적 요인들이 상호작용하며 이루어진다. 이러한 상호작용에서 건강한 자아성장과 정체성, 자율성 확립 등의 바람직한 성장을 돕는 것이 그룹 중심 그룹의 목적이다.

그룹 중심 그룹에서는 구성원들의 본성적 지각 능력의 발달을 돕는 것을 목적으로 한다. 그룹과정에서 나오는 반응에 대하여 스스로 깨닫고 이러한 반응이 자신의 사고와 행동에 어떤 영향을 미치는가에 대하여 자각하도록 한다. 자각에는 의식적인 것과 무의식적인 것이 있는데 이 두 의식 모두 자신의 행동을 결정하는데 영향을 미친다.

구성원들의 과거의 지식과 경험은 그들의 행동 방식을 구분하는데 다소 유용하다. 그러나 실제적으로 유용한 지식과 경험은 그룹과정에서 일어나는 상호작용으로부터 나온다. 그룹과정에서 일어나는 상호작용은 구성원들의 이해력과 올바른 평가와 가치관 형성에 영향을 받는다. 구성원들은 그룹과정에서 획득한 지식과 경험을 통해 상호 영향을 주고받는다.

구성원들은 그룹에서 인정과 존경을 받고자 하는 욕구와 유용한 사람이 되고자 하는 욕구를 가지고 있다. 그러나 이러한 욕구를 충족하지 못하게 될 때 그룹에 만족하지 못하고 소극적이 될 수 있다. 그룹과정의 리더는 구성원들의 욕구 충족과 변화를 돕는 역할을 해야 하며 치유와 성장에 도움을 주어야 한다. 리더는 수용적이고 안정된 분위기를 조성하여 구성원들이 진정한 자아를 발견하고 성장하도록 도와야 한다.

성공적인 그룹과정이 되기 위하여 리더는 (1) 수용성과 공감성이 있어야 하며 (2) 구성원들이 자유롭게 소통할 수 있는 분위기를 조성하고 (3) 구성원들이 활발하게 참여할 수 있는 촉진자 역할을 해야 한다. 이러한 조건들은 리더의 진정한 돌봄, 멤버들의 신뢰 등으로 충족될 수 있다.

그룹 중심 과정은 주어진 주제와 해결해야 할 과제를 가지고 진행된다. 이 주제와 과제는 그룹과정에서 사라지거나 다시 나타나는 현상을 반복하면서 더 심오하고 구체적으로 실현되는 과정으로 발전한다. 그룹과정에서 주제와 과정이 추가되거나 확장될 수 있다. 따라서 더 심오하게 다루어야 할 주제나 과제는 더 깊고 활발한 감정적 반응으로 나타나게 된다.

그룹의 구성원들이 그룹과정에서 얻고자 하는 이익의 정도는 다르다. 대부분은 이해와 능력을 기르고자 하는 욕구를 가지고 있으면서 다른 사람들의 삶의 문제에 대한 관심을 갖게 되어 타인을 이해하고 타인을 돕는 일에 적극 참여하려고 한다. 구성원들은 이러한 참여를 통해 자아발달에 도움이 된다는 것을 깨닫게 된다.

그룹 중심의 과정은 교육, 경영, 상담, 치료 등 다양한 분야에서 유용하게 사용된다. 특히 상담과 치유 분야에서 많이 사용되고 있다. 그룹과정에는 그룹 자체에 잠재적으로 치유의 기능과 능력이 있기 때문이다. 그룹과정에서 구성원들은 자기 이해와 타인의 이해를 촉진시킬 수 있는 통찰력이 계발된다. 다른 사람들이 표현하는 말과 행위에 대한 경청과 피드백을 통해 자기 이해와 타인 이해의 수용성과 공감성이 향상된다.

그룹 중심 그룹의 과정이 활성화되기 위해서는 리더의 전문지식과 경험이 필요하며 이러한 지식과 경험에서 그룹의 주제와 과제를 다룰 수 있다. 구성원 또한 그룹에 적극적으로 참여하기 위해서는 어느 정도의 의사소통, 경청, 피드백 나누는 방법 등의 지식과 기술이 필요하다. 이러한 지식과 경험은 그룹과정 초기 리더에 의해 교육이 되어야 한다.

## 훈련 그룹(T—그룹, Training Group)

T—그룹의 이론적 배경은 복합적이다. 권위적 그룹, 민주적 그룹, 그룹 중심 그룹 등의 이론적 배경은 몇 개의 학습이론과 행동변화 이론이 혼합되어 있다. 이 그룹에서는 강의법, 토론 방법, 협동적 학습 등이 적용된다. T—그룹에서의 진행은 일관된 이론적 기준과 방법이 없다. 리더가 필요하다고 생각할 때 여러 가지 이론과 방법을 선택하여 사용한다. 그룹 리더는 참여자들의 참여 목적, 심리적 욕구, 사고와 행동의 경향성에 따라 적절한 그룹방법을 적용한다.

리더의 그룹 방법 적용은 과거 교육적 배경과 경험에서 비롯된다. 어떤 리더는 행동주의 심리학 연구의 배경을 가지고 있고, 어떤 리더는 인지행동심리학 연구의 배경을 가지고 있고, 어떤 훈련자는 치유 연구와 경험을 가지고 있다. 이러한 리더의 전문성과 경험에 의해 그룹을 이끌어가는 패턴이 달라질 수 있다. 그러나 이러한 그룹 방법의 패턴도 구성원들의 욕구와 문제의 성격에 따라 접근법이 달라질 수 있다.

그룹 리더는 미리 짜인 그룹과정에 의해 그룹을 이끌어가는 것이 아니라 그룹 세션에서 일어나는 현상과 제기되는 문제에 따라 그룹 방법의 적용이 달라질 수 있다. 따라서 리더는 지금 여기서 일어나는 현상에 대하여 감수성을 가지고 적절한 개입으로 구성원들이 안정된 분위기에서 과정에 참여할 수 있도록 해야 한다. 그룹 리더의 감수성과 신념에 따라 그룹에 개입하는 정도가 달라지고 리더의 지식과 구조의 사용 정도와 피드백의 정도 등이 달라진다.

T—그룹에서의 리더는 적극적 개입형, 민주적 개입형, 자유방임적

개입형이 있다. 이러한 유형은 그룹 구성원의 특성, 학문적 배경, 전문성과 경험에 따라 달라질 수 있다. 적극적 개입형은 교수의 입장에서 많은 지적인 설명과 정보를 제공한다. 민주적 개입형은 지도자이며 멤버로서 참여하며 그룹을 촉진자 혹은 안내자의 역할을 한다. 그리고 자유방임적 개입형은 그룹 과정에 적극적으로 참여하지 않고 그룹 과정의 분석과 평가자 위치에 있다.

T—그룹에서 리더가 적극적으로 개입하면 그룹의 자율성과 효과성을 떨어뜨리게 된다. T—그룹에서 대부분의 리더는 그룹으로부터 물러나 있으며 관찰자 입장에 선다. 그렇게 함으로써 그룹의 긴장과 좌절을 유도하게 되고 이러한 과정에서 구성원들의 적극적인 참여가 증가하게 된다.

그룹 리더의 소극적 개입은 구성원들의 그룹에 대한 기대와 열정을 떨어뜨릴 수 있고 그룹의 주제와 목적에 대한 애매성과 그룹에서 얻을 것이 없다는 생각을 가지며 방황하게 된다. 그러나 이러한 애매성과 혼란은 자신을 위한 그룹 방법이 무엇인가를 생각하게 되며 새로운 방식으로 참여해야 한다는 점을 자각하게 한다. 이러한 자각으로부터 그룹에 대한 관심과 참여하고자 하는 의지가 강화되고 그룹에 직면한 문제를 토론하기 시작하며 협동적 사고와 문제해결 능력이 향상된다.

그룹에서 구성원들의 관심과 자발적 참여가 요구되지만 그룹에 대한 지식과 기술이 부족하기 때문에 그룹 리더에게 의존하려고 한다. 전문성 있는 리더는 과정에서 멤버들에게 자기 이해와 행동에 대한 평가와 조언을 해줌으로 그룹 과정을 촉진시킬 수 있다. 그룹의 리더는 멤버들이 급하게 결정을 내리거나 자아 정체성을 규정하려고 할 때 그들을 보호하고 그룹 활성화를 위해 적당한 개입을 하게 된다. 과정에서 구성원들은 자신의 욕구와 그룹의 과업 수행을 위해 조화와 균형을 유지해야 할 필요성을 자각하게 된다.

그룹 중심 그룹에서의 리더는 구성원들이 리더에게 너무 의지하지 않도록 하며 구성원들과 '함께 있다'는 의식이 뚜렷해야 한다. 그룹 과정에 대한 촉진자요, 안내자로서 역할을 하며 그룹의 성취 목적과 개인이 얻고자 하는 효과에 대하여 균형을 맞추는 리더십이 필요하다.

## 참만남의 그룹(E—그룹, Encounter Group)

참만남의 그룹은 여러 가지 이론적 배경이 혼합되어 있는 가운데 가장 공통적인 이론은 커트 레윈(K. Lewin)의 조직개발 이론과 칼 로저스(Carl Rogers)의 내담자 중심 이론이다. 또한 게슈탈트 이론과 다른 심리 분석 이론적 배경도 수용하고 있다. 이러한 이론들의 특징은 조종, 지시, 비수용을 반대하고 허용적이고 수용적인 분위기에서 이루어진다는 점이다. 참만남의 그룹은 감수성 훈련 그룹, 기본만남(basic encounter), 인지그룹(awareness group) 등의 그룹에서 적용된다. 리더는 다양한 이론과 방법 가운에 참여자들을 위해 어떤 이론과 방법을 적용할 것인가를 결정하게 되지만 참만남의 그룹에서는 대부분 자아이론과 방법을 많이 사용하고 있다.

참만남의 그룹은 인간의 성격과 행동을 변화시키는 강력한 힘을 가지고 있어서 서양에서 많은 대중적 인기를 받아왔다. 참만남의 그룹은 (1) 그룹에서 일어나는 변화가 개인의 행동 변화와 인간관계의 발전으로 이어지고 (2) 행동의 개선이 어떤 지식이나 이론에 의한 것이 아니고 '지금 여기서'의 경험으로부터 오고 (3) 사회과학과 행동과학으로 훈련되어 다른 사람을 도울 수 있는 기술과 능력을 갖기 때문에 대중적 관심과 인기가 있다.

리더는 그룹과정에서 의미 있는 행동의 원인과 구성원들의 과거 경험으로부터 지금까지 연결되어 일어나는 행동에 대한 맥락을 찾는 일을 한다. 그룹과정에서는 지금 현재 일어나는 행동과 긍정적인 변화에 초점을 두고 그룹을 이끌어간다. 그룹의 리더는 자신이 감성적이 리더라기보다 이성적인 리더라고 믿는다. 그룹 초기에는 관용적이지만 그룹과정이 진행되면서 점차로 해석자이면서 평가자가 된다. 물론 리더의 권위와 분석적인 정도는 리더의 욕구와 신념과 경험에 따라 다르게 나타난다.

참만남의 그룹은 생각보다는 행동하는 것, 이성적인 표현보다는 느낌의 표현, 과거의 경험보다는 지금 여기서의 경험이 대화의 주제가 된다. 피드백을 줄 때도 어떤 지식이나 원리를 제시하는 것이 아니라 지금 여기서의 느낌을 표현한다. 상대의 행동을 지켜본 결과를 부정적이거나 긍정적인 것을 가리지 않고 솔직하게 표현한다. 이 때 평가적이거나 해석이 아닌 지금 여기서의 느낌을 표현한다.

참만남의 집단은 대부분 집중훈련 혹은 마라톤 그룹으로 진행한다. 집중적으로 훈련하는 것은 연속적인 그룹과정에서 행동의 연속성과 행동의 패턴을 관찰할 수 있기 때문이다. 집중훈련 과정을 통해 멤버들의 개입을 촉진시킬 수 있고 멤버들은 자신에 대한 더 깊은 이해와 구성원들과 더 깊은 관계를 맺을 수 있다. 즉 자신의 태도를 바꾸고 일상생활에서 다른 사람들과 더 효과적인 결과를 맺고 싶어한다.

참만남 집단의 그룹과정은 다양하고 복잡하다. 따라서 리더십도 다양하다. 리더십은 리더의 심리적 욕구, 개방하는 정도, 변화의 목표와 방향에 대한 신념, 멤버들에 대한 신뢰, 리더와 멤버의 관계 안에서 그룹과정이 여러형태로 나타난다. 그러나 그룹과정의 진행 과정은 다음과 같은 일정한 패턴이 있다.

(1) 방황기 (2) 표현 요구 압박감에 대한 저항 (3) 과거의 경험과 느낌

에 대한 표현 (4) 부정적 감정의 표현 (5) 개인적으로 의미 있는 정보에 대한 발표 (6) 구성원 상호간에 일어나는 감정의 표현 (7) 그룹의 치유능력이 발휘됨 (8) 변화에 대한 수용 (9) 체면과 자기방어기제가 깨짐 (10) 개인적인 피드백의 수용과 상대에 대한 피드백 표현 (11) 대결(confrontation) (12) 그룹과정의 방관자에 대한 배려 (13) 기본적인 참만남

## 참여―훈련그룹(Participation-Training Group)

참여훈련 그룹은 민주적 그룹 혹은 그룹중심 그룹 이론과 대조적으로 권위주의적 그룹에 가깝다. 그룹의 리더는 권위주의적이고 분석적이다. 리더는 분석, 해석, 제안, 강의, 질문 등의 방법을 사용한다. 따라서 리더십의 기술과 방식은 권위적인 것에서 나온다고 할 수 있다. 여기서의 권위란 통상적인 권위라기보다는 전문성에서 나오는 권위이다.

이 그룹에서는 다른 그룹과 다르게 사회적인 역동성이나 심리적 역동성을 강조하지 않는다. 즉 리더는 참여자의 개인적 성격 사이에 개입하지 않고 구성원들의 최근 행동과 관계에 집중하게 된다. 따라서 서로의 감정과 개인의 성숙을 위한 상호 도움에 크게 기대할 수 없다는 단점이 있다.

참여훈련 그룹은 주로 성인교육에서 활용되고 있다. 성인교육에서 멤버들을 훈련하고 리더십을 보다 효과적으로 수행할 수 있는 장점이 있지만 그룹의 기능을 개선하고 활성화하기 위한 뚜렷한 방법이 없다. 그룹의 주목적이 내용 중심이고 주제를 학습하기 위한 그룹이다. 주제는 가끔 그룹과정에서 선정하기도 하지만 대부분은 리더에 의해 결정된다.

참여훈련 그룹에서는 훈련자가 간단한 강의를 통해서 주어진 주제에 대한 이해와 관심을 불러일으키게 한다. 그리고 이러한 이해와 관심

가운데 주제에 대한 질문과 토론형식으로 그룹과정이 진행된다. 이 그룹의 주된 목적은 주제에 대한 학습이며 책임 있는 구성원이 되는 것이다. 그룹의 참여자들은 자신을 학습자로 이해하고 그룹 리더의 리더십에 의존한다. 리더는 다른 그룹과 다르게 구성원들로부터 분리되어 있다. 멤버들은 그룹과정에 적극 참여하는 것이 리더를 돕고 그룹의 목적을 성취하는 길이라고 생각한다.

참여그룹은 그룹의 각 세션마다 주어진 주제가 있으며 리더의 강의와 문제 제기로 구성원이 토론에 참여할 수 있도록 유도한다. 그룹과정에서는 각 세션마다 일어난 일과 배운 점에 대하여 평가를 한다. 이러한 과정에서 구성원들이 기대했던 목표와 그룹과정의 목표가 일치하게 된다.


## 그룹 목적에 따른 소그룹 분류

그룹 방법은 학교, 교회, 회사, 기관, 사회단체 등에서 광범위하게 활용하고 있다. 이들 단체에서 활용하고 있는 그룹방법은 크게 심리치유, 인간관계 훈련, 사회적 행동 개선 분야이다. 그룹의 목적에 따라 어떤 그룹 방법을 도입할 것인지, 어떤 리더십을 적용할 것인지가 결정된다.

### 치유 그룹(Group Therapy)

집단치유는 심리적 갈등이나 장애가 있는 내담자를 임상치료 원리에 의해 정상적인 생활을 할 수 있도록 도와주는 것이다. 이 그룹의 지도자는 심리치료의 전문적 지식과 상담 경험이 필요하다. 집단치유 그룹에는 게슈탈트 그룹, 교류분석 그룹, 성장상담 그룹(Growth Counselling), 가족치유 그룹 등이 있다.

### 인간관계 훈련 그룹

인간관계 훈련 그룹은 인간관계의 기법을 이용하여 대인관계, 의사소통 방법, 자기표현 훈련 등 인간관계 기술과 방법을 훈련하는 그룹이다. 기업, 학교, 교회 등에서 사용하는 방법으로 인간관계 개선과 성장을 목표로 한다. 여기에 속하는 그룹 방법은 T—Group, 잠재력 개발, Gestalt Group 등이 있다.

### 사회적 행동 개선 그룹

사회적 행동 개선 그룹은 조직의 의사소통, 조직의 응집력, 조직의 효율성 등을 위한 그룹이다. 이 그룹에서는 개인의 성장과 그룹의 성장을 목표로 한다. 회사, 단체, 학교 등에서 사용하는 방법으로 그룹 행동에서 개인의 인간관계 관찰을 통한 문제점과 개선방향을 도출한다. 멤버십 훈련, 리더십 훈련, 경영 개발 훈련, 지역사회 개발 훈련 등이 있다.

### 치유—인간관계 훈련 그룹

인간관계 훈련 그룹은 개인의 심리치유가 인간관계 개선을 가져올 수 있고, 인간관계 개선이 개인의 심리치유 효과를 볼 수 있기 때문에 집단 내에서 개인의 심리적 치유와 더불어 인간관계 훈련 개선을 위한 그룹이다. 이 그룹은 보통 조직체에서 소외되거나 부적응자를 대상으로 한다. 여기에는 감수성 훈련 그룹, 명상 수행 그룹, 마라톤 그룹 등이 있다.

### 인간관계—사회적 행동 개선 그룹

인간관계 개선과 사회적 행동 개선은 상호 보완적이고 상호 보충적이라고 할 수 있다. 인간관계 개선은 사회적 행동의 개선에 영향을 미칠 수 있고 사회적 행동의 개선은 인간관계 개선에 영향을 준다. 여기에는 대표적으로 만남의 그룹(Encounter Group), 갈등 처리 훈련 그룹이 있다.


## 집단지도의 장·단점

집단의 목적, 구성원, 지도자의 특성 등에 따라 집단교육, 집단상담, 집단치료 등으로 대별할 수 있다. 한 사람의 지식과 경험보다 여러 사람이 모이면 더 많은 지식과 경험을 공유할 수 있다. 집단지도는 일반적인 사람들의 발달과 성장을 위한 그룹이며, 집단상담은 삶에서 보통 사람들이 가질 수 있는 문제점을 개선하기 위한 그룹이고, 집단치료는 일반사람들이 갖는 심리적 고통보다 더 큰 문제와 장애를 가진 사람의 치료를 위한 그룹이다. 집단으로 이루어지는 교육, 상담, 치료 등의 방법은 다음과 같은 장점과 단점이 있다.

### 장점
* 일시에 많은 내담자를 접할 수 있다.
* 내담자가 접근하기 쉽다.
* 타인과 상호 교수를 할 수 있다.
* 집단이 개인의 거울이 되어줄 수 있다.
* 실제 생활에서 필요한 인간관계 기법을 배울 수 있다.
* 구체적 실천과 적용이 용이하다.
* 많은 사회적 교류를 경험할 수 있다.

## 단점

*   구성원의 특성에 따라 그룹의 역동성이 달라질 수 있다.
*   개인의 특정한 문제가 깊이 있게 다루어질 수 없다.
*   집단에 적극 참여하고 자기를 개방해야 하는 압력을 받는다.

## 집단교육

집단지도는 심리적 문제를 가지지 않은 일반 사람들을 대상으로 바람직한 생활태도를 촉진하여 보다 성장할 수 있도록 돕는 그룹방법이다. 주로 예방적 차원에서 정보와 자료를 제공하는 그룹 방법을 통한 교육과정이다. 그 특징은 다음과 같다.

*   집단지도는 체험학습을 통한 교육적 접근이다. 그룹이 바로 교육 현장이며 그룹 내에서 벌어지는 언행이 학습내용이고 자료가 된다.
*   교육적 접근이기 때문에 토의되는 주제에 초점을 맞추어 주제를 이해하고 체험할 수 있는 그룹과정이 된다.
*   집단지도는 구성원들의 공통 관심사 즉 구성원들의 변화하고자 하는 공통된 욕구와 변화되어야 할 과제가 같다.
*   집단지도는 그룹 방법을 통한 학습방법이고 그룹 안에서의 교육적 경험이다. 진로 결정, 가치관의 변화, 의사소통의 개선 등을 그룹과정을 통해 학습한다.

## 집단상담

집단상담은 주로 구성원의 대인관계적 감정과 반응에 대한 통찰력을 개발하여 바람직한 자기관리, 사회적 태도의 개선, 대인관계의 이해와 개선을 위한 그룹과정이다. 그 특징을 보면 다음과 같다.


* 일반적인 사람들을 대상으로 주로 삶에서 일어나는 문제를 해결하기 위한 그룹이다.
* 대인관계적 차원에서 사회적 기술과 대인관계 능력을 발달시키는 그룹이다.
* 개인의 심리적 발달과 개선을 통해 자기통제, 문제해결, 의사결정 능력을 개발하여 생활의 적응과 인격 성장에 초점을 둔다.
* 구체적 행동 목표를 달성하기 위하여 상호교류의 역동성과 생산적 실천 과정이다.
* 상담자는 개입을 최소화하고 교육자, 훈련자라기보다는 안내자, 촉진자로서의 역할을 한다.


## 집단치료

집단치료는 개인의 인지적, 정서적, 행동적인 차원에서 장애나 갈등이 있는 사람들을 대상으로 심리치료 원리에 의해 원만한 생활을 할 수 있도록 도와주는 그룹과정이다. 그 특징은 다음과 같다.


* 주로 비정상적인 내담자를 대상으로 한다.
* 교육적 접근이라기보다는 교정적 접근이다.
* 주로 신경증이나 심리적 갈등을 가진 사람을 대상으로 한다.
* 집단치료의 인도자는 전문성이 요구된다.

# 제5장

# 교육조직 개발 그룹

## 교육조직 개발 그룹

교육조직 개발 그룹은 사회 심리학, 행동과학의 지식과 기법을 사용하여 그룹 안에서 개인의 성장 발달에 대한 욕구와 조직의 목표를 통합함으로써 조직의 효과성을 높이려는 과정이다. 이 과정은 그룹 안에서 개인의 성장과 인간관계를 중시하며 인간관계의 개선과 인간성 회복의 증진을 조직의 목표로 한다.

## 교육조직 개발의 공통적인 목표

* 개방적이고 문제 해결적 풍토를 조직 전체로 확대해 나가는 것
* 지위와 역할에 부여된 수직적 권위와 더불어 지식, 능력, 인격 등에서 나온 기능적 권위가 부가된다.
* 의사결정과 문제해결이 가능한 정보근원(Information Source)을 추구한다.
* 조직 전체에서 개인 간의 신뢰 및 집단 간의 신뢰 형성이 그룹의 기초가 된다.

* 과제 목표를 이루는데 경쟁을 적절히 활용하는 것이 필요하다.
* 조직의 사명 달성과 조직의 인간관계 개발이 동시에 필요하다.
* 구성원 전체가 조직의 목표에 대하여 주인의식을 강하에 느끼도록
  해야한다.
* 조직 속의 각각의 사람들이 자기 통제와 지침을 가져야 한다.


## 교육조직 개발 학습 과정

### 교육조직 개발의 전제

교육조직이 가지고 있는 문화 혹은 규범을 그 조직의 사명과 어떻게
조정하느냐 하는 교육적 방책이 있어야 한다.


* 권위와 복종의 관계 → 상호신뢰
* 엄밀한 규정에 의한 권한 분배 → 상호의존하고 책임을 분담하는 문화
* 중앙집권적인 결정 → 책임과 통제를 넓게 분담하는 체제
* 억압, 알력, 투쟁에 의한 갈등 해결 → 건전한 대화적 교섭, 건전한
  방향으로 갈등 활용
* 엄격한 분업, 분명한 위계질서와 감독 → 동시적으로 많은 그룹에
  대한 멤버십과 책임을 가질 수 있는 협력적 분위기


### 교육조직 개발의 학습원리

교육조직개발 학습의 원리는 실험적 성격을 띠고 있는 체험학습 혹
은 경험학습이다. 그룹 훈련에서 설정된 주제, 본질과 방법을 체험적으
로, 주체적으로, 동시적으로 추구해 나가는 방법이다. 이 방법은 학습

자의 학습과 지도자와 학습자의 상호작용을 중요시한다.

* 학습목표가 명확하다.
* 철저하게 체험을 통해서 학습하는 것이다.
* 참가자가 능동적이고 주체적으로 참여해야 한다.
* 상호 원조적인 학습이어야 한다.(자·타를 이해하기 위해서)
* 본질과 방법을 동시에 추구한다.
  ☞ 주제가 내포된 문제의 본질을 학습자의 생활 속에서 추구
  ☞ 교육조직의 본질을 추구하면서 동시에 인간의 삶의 방식을 추구

### 교육조직 개발 훈련에서 리더

교육조직 개발 훈련에서 리더는 단순히 가르치는 교사로서의 위치
가 아니라 훈련자(Trainer), 촉진자(Facilitator), 안내자(Guider)로서의
역할을 해야 한다. 따라서 너무 앞서가서도, 그룹을 주관하려고 해서도
안된다. 그룹이 목표를 향해서 진전할 수 있도록 돕는 촉진자로서의 역
할을 해야 한다.

### 원조적이어야 한다.

* 원조를 주되 리더에게 너무 의존하지 않도록 한다.
* 때로는 대결(Confrontation) 형식의 도움을 주어야 한다.
* 먼저 앞서가서는 안된다.

### 그룹과정 전체의 운영과 관리의 책임을 맡아야 한다.

* 훈련과정을 관리한다.

* 그룹과정에서 촉진자 역할을 한다.
* 목표 달성을 위한 과정의 흐름을 주도한다.

## 리더이면서 멤버가 된다.

* 그룹과정에서 적절한 행동 시범을 보인다.
* 지적인 교수자로서의 역할을 한다.
* 그룹과정의 관찰자이면서 안내자이다.

## 교육조직 개발 훈련의 흐름

첫째, 그룹과정의 목적, 참여자세, 생활 규칙 등을 안내한다.

둘째, 아이스브릭(Ice Break)과 같은 친밀감을 형성하는 프로그램
을 제공한다.

셋째, 학습 스타일에 대한 안내와 실습을 한다.

넷째, 리더와 구성원의 기대를 공유하는 작업을 한다.

다섯째, 구성원들에게 그룹과정 진행에 대해 이해를 하도록 한다.

여섯째, 구성원들 간에 자기 이해와 타인 이해의 훈련을 한다.

일곱째, 그룹의 활성화 프로그램을 적용한다.

여덟째, 경쟁에서 협동에 이르는 훈련을 한다.

아홉째, 피드백을 나누는 훈련을 한다.

열번째, 의견 일치에 대한 훈련을 한다.

열한번째, 그룹에 적응하는 훈련을 한다.

열두번째, 학습이 삶의 현장에서 적용되도록 한다.

열세번째, 다음 과정에 대한 목표를 제시한다.

# 교육조직 개발 훈련 그룹 설계(Design)

## 사전계획

그룹과정을 조직하는 데는 사전 조사와 리허설이 필요하다. 장소, 기간, 참가자, 스텝 구성 등에 대하여 사전조사가 필요하며 스테프들과의 토의를 거쳐 효과적인 그룹 프로세스가 만들어져야 한다.

### 장소

* 참가자들이 교육 장소까지 어느 정도의 거리를 원하는가?
* 교통편의 어려움을 어느 정도 감내할 수 있는가?
* 그룹에 집중하기 위해 TV, 오락시설 등 문화를 등진 장소가 좋다.

### 기간

* 먼저 그룹의 목표를 달성하기 위한 그룹과정을 짜고 기간을 정한다.
* 1박 2일, 2박 3일, 5박 6일 등의 기간을 정하고 어느 정도의 브레이크타임을 가질 것인가를 정한다.

### 참가자

* 전체 그룹, 서브그룹의 구성원은 몇 명으로 할 것인가?
* 그룹 연령, 지적 수준, 경험 등 구성원의 특성은 어떠한가?
* 장소, 시간, 그룹 구성원의 욕구 등 그룹의 제약성은 무엇인가?

### 스텝(Staffs)

* 스텝은 몇 명이 필요한가?
* 누가 적임자인가?

* 어떤 역할을 할 것인가?

## 자료 수집

* 참가자에 대한 데이터(갈등, 일에 대한 이해, 구체적 행동, 참가자의 기대, 참가자 사이의 관계)를 사전 조사한다.
* 스텝의 능력, 경험, 기대, 스텝과 멤버와의 관계 등에 대해 사전에 자료 수집을 한다.
* 장소, 시설, 식사 등 상황과 조건을 사전에 점검한다.

### 자료 수집 방법

* 전화 면접, 직접 면접 등을 통해 조사
* 설문지, 자기 소개서를 통해 조사
* 사전 집단 모임을 통해 경험, 기대 등을 파악
* 그들의 이력, 참가 등록 등을 통해 관찰

## 자료 분석 : 문제의 진단

* 참가자의 변혁을 위한 욕구는 무엇이며 어느 정도인가?
* 변화를 일으키기 위해 어떤 기술을 투입할 것인가?
* Staff의 그룹과정 참가 경험, 리더십 등은 어떠한가?
* 한정된 시간 안에 변화의 욕구를 어떻게 충족할 것인가?
* 그룹과정에 대한 시뮬레이션을 하여 일어날 수 있는 상황을 예측한다.

**목적 설정**

* 어디에 초점을 둘 것인가?
* 어떤 기술을 배울 것인가?
* 그룹에 참가할 사람들과 결정하는 것이 좋다.

## 교육조직 개발 훈련의 평가

### 평가 계획

* 기대하고 있는 목표를 명확하게 진술한다.
* 목표의 달성 여부를 체크할 수 있는 수단을 강구한다.
* 전체적으로 도움이 되었는지 여부를 파악한다.
* 참가자들에게 충분히 자기감정을 표현할 수 있는 기회가 주어졌는가를 점검한다.
* 평가에 필요한 자료를 통하여 결과를 분석한다.

### 평가 방법

* 소감문, 과정일지 등을 통해 그룹의 성과를 평가한다.
* 스텝들이 그룹과정에서 일어났던 일, 느끼고 배운 일을 평가한다.
* 이러한 평가는 다음 단계의 그룹을 계획하기 위한 자료가 된다.

# 제6장

# 소그룹 과정(Process)

그룹과정이 시작에서 마칠 때까지 똑같은 현상과 변화가 나타나는 것은 아니다. 그룹 모임의 목적과 성격에 따라 그룹과정이 다양하게 나타난다. 어떤 그룹은 같은 패턴으로 진행되지만 어떤 그룹은 예상했던 패턴과 관계없이 진행된다. 어떤 그룹에서는 뒤에 나타날 현상이 먼저 나타나고 그룹 초기에 나타날 현상이 뒤에 나타나기도 한다. 그러나 일반적으로 그룹의 과정에서 나타나는 공통적인 흐름이 있다.

아래 진술하는 그룹의 과정은 하루 이상 일주일 정도의 긴 시간 동안 연속적으로 진행되는 만남의 그룹(Encounter Group), 감수성 훈련 (Sensitivity Training Group), 인간관계 훈련집단에서 일반적으로 나타나는 과정이다.

# 공동체 세우기 다섯 단계[11]

## 단계 1: 친밀감 형성(Bond Building)

구성원들의 신뢰관계를 형성하기 위해 배타성과 장애를 깨는 단계다. 배타성과 장애를 깨기 위해서는 그룹 구성원들이 함께 풀어나가야 할 과제를 해결하는 과정에서 이루어진다. 문제 해결을 위한 다양한 배경을 갖고 모인 사람들이 문제 해결 과정에서 서로 친밀감을 갖는다. 이 과정에서는 협동심을 갖도록 하는 것이 주목적이다.

## 단계 2: 그룹 열기(Opening up)

상호 호감을 보이며 그룹과정이 열리기 시작한다. 사람들은 자기 자신에 대하여 이야기하기를 좋아한다. 만약 어떤 사람이 자기에게 진심으로 관심을 보이면 자신에 관하여 말하게 되고 그룹과정에 대한 신뢰가 높아지기 시작한다. 그룹 구성원들이 공감적으로 들어주면 말하는 사람은 자신의 갈등을 나누게 되며 안정감을 느끼게 된다.

## 단계 3: 확신(Affirming)

그룹과정에서 가장 중요한 것은 믿음과 신뢰를 가지고 서로에게 용기를 주는 행위이다. 멤버가 동료로부터 칭찬을 듣는다면 그는 즐거운 마음으로 그룹과정에 참여하고 점점 더 그룹에서 자기의 깊은 감정을 나누게 되며 자존감은 급속도로 향상된다. 이러한 과정에서 대다수 관망하던 사람도 구성원들이 자신을 도우려고 한다는 것을 느끼게 된다.

---

11) Rydberg, *Building Community in Youth Group*, *Loveland U.S.A.* Group Books 1985. 위 5 단계는 위 책의 각 장(Chapter)의 제목이다.

## 단계 4: 관계의 확장(Stretching)

그룹과정에서 갈등과 고통의 과정이 있다. 그룹은 이 과정을 통해 진정으로 성장한다. 구성원들은 이 단계에서 서로의 고통을 받아들이고 동료를 위하고자 하는 분위기가 조성된다. 그룹 구성원들은 갈등에 직면하게 될 때 적극적으로 서로를 돌보게 된다. 사람들은 단순히 확장된 경험에서 얻은 관념적 사랑을 하는 것이 아니라 행위로써 상대방을 사랑한다는 것을 보여주려고 한다. 이러한 현상은 비교적 오랜 기간 함께 한 그룹에서 일어난다. 단기간의 그룹에서는 자기의 확장된 경험으로 만족하고 안락한 그룹 분위기를 유지하려고 한다.

## 단계 5: 행동(Action)

행동의 단계는 그룹 구성원들과 기꺼이 자기의 감정을 나누려고 하며 그룹의 목표가 성취되는 단계다. 구성원들이 자신의 내적 상처, 비전, 갈등 등을 표현하며 다른 사람들로부터의 피드백을 기꺼이 받아들인다. 자신의 문제를 내놓는 멤버에게 공감하며 지원해 주고 용기를 준다. 이 과정은 구성원들이 그룹의 성과나 해결 가능한 문제에 대하여 서로 이야기하고 돕기 위한 과정이다. 그룹과정에서 개인적으로 성과를 거두지 못한 문제에 대하여도 다음 그룹을 위해서 평가해야 한다.

## 만남의 집단 그룹과정[12]

그룹의 과정은 그룹의 목적, 지도자의 리더십, 멤버들 간에 관계 성향 등에 따라 다양하게 전개될 수 있다. 그룹과정은 위의 성향들에 의

---

12) C. Gratton kemp, op. cit. 76쪽.

해서 여러 형태로 진행된다. 특히 지도자의 리더십 성향과 능력에 따라 그룹을 애정과 친밀감으로 이끌어 갈 수도 혹은 그룹을 갈등과 파국으로 이끌어 갈 수도 있다.

만남의 집단(Encounter Group)은 소그룹에서 가장 많이 사용되는 유형이다. 특히 소그룹 상담, 소그룹 치유에서는 만남의 집단 그룹과정의 패턴으로 진행된다. 이 과정은 마치 연인을 처음 만나 어색하고 서먹서먹한 관계에서 사랑이 결실되어 가는 과정과 같다. 그룹이 진행되면서 탐색과 갈등의 관계를 극복하고 점점 친밀감이 형성되어 가족과 같은 사랑의 공동체로 결속되는 과정을 보여준다.

## 1) 탐색(Milling Around)

교육적 그룹이나 과제 그룹과 다르게 만남의 그룹에서의 리더는 멤버이면서 촉진자, 안내자이다. 그룹의 목표나 과정이 미리 계획된 상태에서 시작되지 않기 때문에 그룹은 침묵, 당황, 좌절, 체면치레, 관망 등의 어색한 분위기를 갖는다. 이때 그룹을 어떻게 해보자고 하는 적극적인 사람, 과연 이래가지고 무엇을 얻어갈 것인가를 생각하는 사람, 어색함을 깨려고 무엇인가 말거리를 만드는 사람 등이 나타나면서 토론은 점점 활기를 띠게 된다.

## 2) 개인의 노출에 대한 저항(Resistance to Personal Report)

탐색의 단계가 진행되면서 점점 어색한 분위기가 사라지고 어느 정도 친밀감이 조성되면 구성원들 가운데 개인적인 사항에 대하여 노출하거나 자기감정을 표명하게 된다. 그러나 이 단계에서는 자신의 태도나 감정에 대하여 솔직한 표명보다는 과시나 장점만을 드러내려고 하는 경향이 있다. 구성원들은 체면치레를 하거나 자신의 껍질을 깨기 두려워하며 자기 노출에 대한 압박감과 저항을 느끼게 된다. 이러한 감정 상태에서는 자기를 노출하더라도 보이기 위한 자기(public Self), 가장된 자기를 표현하게 된다.

## 3) 과거에 대한 관심(Description of Past Feeling)

아직 그룹에 대한 신뢰가 부족하기 때문에 자신의 솔직한 감정을 표현하는 것을 꺼려한다. 그러나 그룹에서 객관적 자기 즉 출생, 학교, 직업 등을 노출하게 되면서 자연스럽게 자신의 과거와 감정을 꺼내놓기 시작한다. 이때 과거의 표명이 서로를 이해하고 약간의 피드백이 오고 갈 수 있게 만든다.

## 4) 부정적 감정의 표현(Expression of Negative Feeling)

자기를 소개하거나 우리가 왜 이 자리에 있는가를 표명하면서 그룹에 임하는 태도나 말로 부정적 감정을 표현한다. 즉 솔직하지 못한 표명, 관찰자의 자세, 말의 독점 등으로 부정적 감정을 노출한다. 이러한 부정적 감정은 그룹을 이끌어 가는 리더를 향한 공격으로 나타난다.

## 5) 개인의 탐구(Expression and Exploration of Personally Meaningful Material)

그룹에서 자유로운 자기표현이 이루어지면서 그룹에 대한 신뢰가 싹트기 시작한다. 자기 그룹이라는 인식과 자기가 바라는 것을 그룹에서 얻을 수 있다는 생각을 갖게 된다. 이때 멤버들은 자신의 문제를 그룹에 내놓기 시작하며 그룹에서 적극적으로 그 문제를 수용하거나 거부의 현상이 나타난다.

## 6) 대인감정의 교환(Expression of Immediate interpersonal feeling in the Group)

상호신뢰가 증가되면서 멤버들 간에 자기 경험과 감정을 솔직하게 표명하게 된다. 즉 적극적인 자기표현과 상대의 표현에 대한 피드백이 주어지면서 그룹은 활성화되고 그룹에 대한 신뢰가 깊어진다. 그룹에 대한 애정기가 돌입되었다고 볼 수 있다.

## 7) 집단치료의 능력(The Development of a Healing Capacity in the Group)

그룹과정이 점점 활성화되면서 집단의 멤버들은 고통과 고민을 가지고 있는 사람에 대한 관심과 애정을 보이게 된다. 멤버들은 자발적으로 상처를 가지고 있는 사람의 치유와 성장을 도우려고 한다. 상처받은 한 사람에 집중하여 그에 대한 감정을 솔직하게 표현하거나 자기의 경험을 나누는 등 각자 방식대로 원조적인 태도를 보인다.

## 8) 수용과 변화(Self-acceptance and the Beginning of Change)

그룹의 과정에서 피드백이 활성화되고 멤버들은 이 피드백을 수용한다. 자기에 대해 솔직한 표현을 한다는 것은 자기수용이 이루어지고 있음을 말한다. 자기수용이 변화를 위해 중요한 역할을 한다고 생각하며 자신의 감정을 솔직하게 표현하고 다른 사람의 피드백도 받아들이게 된다.

## 9) 가면 벗기(The Cracking of Facades)

그룹과정에서 가면을 벗는 단계는 개인차가 있지만 초기 단계에서
나타날 수도 있고 후기 단계에서 나타날 수도 있다. 멤버들로부터 솔직
하게 자신을 열어놓으라는 압력을 받거나 그룹에 대한 신뢰가 깊어지
면서 자신의 가면을 벗게 된다. 이때 어떤 구성원은 그룹 초기의 단계
에서 보여주었던 부정적 태도가 극적으로 바뀌는 사례를 볼 수 있다.

## 10) 피드백(feedback to Individual)

그룹과정에서 솔직한 자기표현과 멤버들이 주는 피드백이 자기의
객관적 모습이라는 사실을 이해하게 된다. 그룹은 나를 비춰주는 거울
이고 나를 품는 엄마와 같다는 사실을 깨닫게 되며, 의미 있는 변화를
위해 그룹이 자기에게 솔직하게 반영해 줄 것을 요구하기도 한다.

## 11) 대결(Confrontation)

멤버 가운데 자기를 솔직하게 열어놓지 않고 그룹과정에 성실하지
못하게 될 때 그룹 리더나 구성원들은 그에게 부정적 감정을 격렬하게
드러낼 수 있다. 이때 그 멤버는 피드백에 대해 긍정적인 반응을 보일
수도 있고, 부정적인 반응을 보일 수도 있다. 이러한 반응 가운데서 숨
겨졌던 감정이 드러날 수 있다.

## 12) 참만남(The Helping Relationship Outside the Group Session)

장시간 집중 그룹에서 피드백을 주고받게 되면 자연적으로 그룹에
대한 애정과 상대에 대한 이해, 공감, 동정심 등이 나타난다. 처음에 부

정적 감정을 주고받았던 멤버 간에 더 수용적이고 친밀감을 갖기도 한다. 이 과정에서 그룹이 개인을 변화시키는 힘을 경험하게 된다.

### 13) 애정과 신뢰(The Basic Encounter)

그룹과정 말기에 관계의 끈끈함, 그룹의 따뜻함, 헤어짐의 아쉬움 등이 필연적으로 나타나게 된다. 그룹에 대한 신뢰감, 멤버들과의 일체감, 인간에 대한 소중함 등을 체험하면서 이러한 분위기에 계속 머물고 싶은 감정을 갖는다. 그리고 어떤 사람과의 밀접한 인간관계를 맺기도 한다.

### 14) 행동의 변화

사람에 따라 그룹과정을 통해 변화하는 정도, 변화된 태도 등이 다르지만 분명한 것은 인간관계의 태도의 변화와 인간관계의 기술을 갖게되었다는 점이다. 자신에 대한 자유로운 표현, 상대방에 대한 솔직한 감정 표현, 관계에의 몰입 등을 통해 의사소통 기술이 향상되어 인간관계에 영향을 주게 된다.

## 그룹경험의 위험성

그룹 방법이 꼭 긍정적인 행동변화와 인간관계 개선의 결과만을 산출하는 것은 아니다. 대부분 긍정적 변화와 성장의 결과를 가져오지만 일부 사람들에게는 부정적 결과를 가져올 수도 있다.

- 그룹에 대한 애정과 신뢰가 그룹 밖에서의 삶의 적용에 부정적 영향을 미칠 수 있고 그룹에 대한 환상에 사로잡혀 현실을 수용하지 못하는 경우도 있다.
- 그룹에서 이루어진 행동의 변화가 오래 지속되지 못한다는 단점도 있다. 훈련된 멤버들 간에 소통하였던 것들이 일상생활 가운데서 적용되지 않는 면도 있고 그룹과정에서 습득한 인간관계의 경험과 기술이 사장되는 경우도 있다.
- 그룹의 경험이 다른 그룹과정 적용에 방해될 수도 있다. 자기를 표현하는 일이 습관적으로 이루어질 수 있으며 그룹과정에 참여하면서 방관자나 관찰자 입장에서 즐길 수 있다. 때로는 구성원들을 가르치려고 하거나 그룹과정에 지나치게 개입할 수도 있다.
- 그룹과정에서 맺은 인간관계 때문에 사회생활에서 대인관계가 멀어질 수 있다. 특히 그룹에서 만난 사람과의 밀접한 관계는 자신의 가족관계를 소원하게 만들 수도 있다.

# 제7장

# 소그룹 지도자의 리더십

## 소그룹 지도자의 위치

소그룹 리더를 단순히 지도자라기보다는 촉진자(facilitator), 훈련자(trainer) 등으로 부른다. 소그룹 리더는 큰 조직에서와 달리 참여자이며 훈련자의 위치에 있기 때문이다. 소그룹은 한 사람의 지도자에 의해 이끌려 가는 것이 아니라 그룹 구성원 전체가 이끌어가는 것이다. 소그룹 리더는 촉진자로서 그룹을 활성화시키기 위한 조정자, 협조자, 모범자로서의 역할을 한다.

그룹의 목적, 그룹의 규모, 그룹의 특성 등에 따라 그룹을 이끌어 가는 리더의 리더십 형태가 달라진다. 리더십의 형태가 다르다는 것은 리더가 그룹에 개입하는 정도와 형태가 다름을 의미한다. 즉 적극적 개입의 형태가 있고 관찰자 입장에서 소극적 개입의 형태가 있다.

소그룹에서의 리더는 지도자 혹은 교사로서의 역할보다는 안내자, 도우미, 촉진자로서의 역할이다. 소그룹의 지도자는 그룹의 멤버이면서 리더, 그룹의 원조자, 촉진자, 중재자 등의 역할을 해야 한다.

그룹은 유기체로서 목표를 향해서 흘러가고 성장하려는 경향성이 있기 때문에 소그룹의 리더는 관찰자의 입장에 서서 지켜보며 그룹과정

이 정체되거나 문제가 발생했을 때 그룹을 촉진 및 활성화시키는 역할
을 한다.


## 소그룹 지도자의 역할

소그룹의 규모, 구성 목적, 구성원의 특성 등에 따라 리더의 그룹 개
입의 정도, 리더십의 유형 등이 달라진다. 일반적으로 민주적 그룹, 그
룹중심 그룹의 리더는 특별 멤버로서 그룹에 참여하게 되고, T—그룹,
감수성 그룹, 만남의 그룹 등에서는 그룹을 이끌어 가는 리더로서의 위
치에 선다.

소그룹에서의 리더는 상호의존관계에 있다. 리더는 소그룹 과정을
사전에 계획하고 구성원이 더 만족할 수 있는 관계형성을 위해 주도적
으로 이끌어가야 한다. 멤버들은 마음을 열어 경험을 공유할 수 있어야
하며 그룹 안에서의 갈등, 모호성 등에서 인내와 관용으로 극복해 나갈
수 있어야 한다. 소그룹 리더의 역할은 다음과 같다.


### 중요한 결정

리더는 그룹과정이 진행되는 동안 결정해야 할 사항들이 많다. 물론
리더가 결정권을 가지고 있다고 하더라도 혼자 결정하여 지시하고 명
령하는 것이 아니라 멤버와 토론과 협의를 통하여 최선의 길을 선택하
는 것이다. 리더가 결정해야 할 사항들은 다음과 같은 것들이 있다.

- 그룹과정 스케줄
- 구조 사용의 양과 종류 결정

- 그룹 멤버들의 반응에 따른 진단
- 그룹과정에 적용할 방법

## 조직과 조직의 활성화

소그룹 리더는 구성원의 특성, 구성원의 배경, 그들의 욕구 등을 조사하여 전체 그룹을 구성할 뿐만 아니라 전체 그룹 속의 소그룹(sub—group)을 어떻게 구성할 것인가에 대한 고려를 해야 한다. 전체 속의 소그룹의 특성과 분위기는 그룹과정에 중요한 영향을 미치기 때문이다.

그룹 리더는 그룹을 활성화시켜야 할 책임이 있다. 그룹과정에서 리더는 그룹이 발전하도록 하는 촉진자로서의 역할과 구성원들에게 적극 참여할 수 있도록 동기유발과 용기를 북돋아 주어야 한다. 때로는 그룹 활성화를 위해 시범을 보이거나 강의를 통해 그룹을 발전시켜야 한다.

## 참여자이며 리더

소그룹 리더는 멤버이며 리더로서의 역할을 해야 한다. 멤버로서 그룹의 분위기를 조성해야 하며 그룹에서 모범을 보여주고 그룹이 목적지를 향해 갈 수 있도록 인도해야 한다. 그룹을 인도하면서 멤버들이 너무 리더에게 의존하지 않도록 해야 하며 그룹과정에 적당히 개입을 해야 한다.

특히 T—Group, 감수성 훈련, Encounter 그룹 등에서는 리더로서 개입하고 싶은 욕구를 철저하게 절제해야 한다. 그룹과정에서의 모호성, 구성원의 실망, 갈등 등에서도 많은 의사소통이 이루어지므로 리더는 관찰자로서의 과정을 지켜보아야 한다. 소그룹 리더가 그룹과정에서 해야 할 역할은 다음과 같다.[13]

## 즐거움과 의미의 균형을 맞춘다.

그룹과정은 의미도 있어야 하지만 즐거움도 있어야 한다. 관계 안에서 즐거움이 있어야 그룹에 참여하게 되고 그룹 안에서 유익한 배움이 있어야 개인도 성장하고 그룹이 성장한다.

## 그룹 과정을 촉진시킨다.

그룹은 정해진 시간 안에 성취해야 할 목적이 있다. 그룹 리더는 그룹의 목적을 달성하기 위해 과정(Process)에서 적당한 개입을 통해 시간을 조정하고 그룹이 활성화될 수 있도록 촉진자의 역할을 한다. 개입은 간단하면서도 영향력 있는 정보(Tip)가 되어야 한다.

## 구성원들의 말을 진실하고 소중하게 들어준다.

리더는 구성원들의 말을 진지하고 성실하게 경청함으로써 그룹에서의 멤버는 자신이 인정을 받고 가치있는 존재라는 것을 느끼게 된다. 리더가 멤버의 말을 잘 경청하게 될 때 그에게 적당한 반응과 피드백을 줄 수 있다.

## 안정되고 친밀한 분위기를 만든다.

리더는 그룹의 갈등을 조정하고 서로 배려할 수 있는 그룹 분위기를 만들기 위해 적당한 아이스브릭(Ice Breaks)이나 구조를 사용하여 안정되고 친밀한 분위기를 조성해야 한다.

---

13) Henry Cloud Townesend, *Making Small Groups*, Work, Zondervan, 2003. 참조.

대결(Confrontation)과 도전을 통한 그룹의 정체성을 해소한다.

그룹 리더는 때때로 반대 의견을 제시하거나 그룹이 잘못 진행되고 있음에 대하여 지적하여 주의를 환기시킬 수 있어야 한다.

## 그룹과정의 한계와 규칙을 정해야 한다.

리더는 개인과 그룹을 보호하기 위해 바람직한 행동과 태도, 적절한 언어사용 등을 멤버들에게 주지시켜야 하고 그룹 참여에 도움이 되는 바람직한 태도와 언어 등에서 모범을 보여야 한다.

## 수평적 권위를 가져야 한다.

그룹 리더는 수직적이고 관료적인 권위가 아닌 인격과 전문성으로 권위를 가져야 한다. 권위는 지도자에게 독점적인 것이 아니고 멤버들과 더불어 누리는 권위가 되어야 한다.

## 그룹을 통합할 수 있어야 한다.

그룹 지도자는 구성원들의 언어, 행동, 느낌 등이 때로는 개인적이고 그룹과정과 관련 없는 것들이 표현될 때 그것을 지금 여기로 끌어올 수 있어야 하며 맥락적으로 그룹의 목적을 향해 진행될 수 있도록 해야 한다.

### 침묵의 시간을 수용한다.

흔히 그룹과정에서 침묵의 순간이 불안하게 느껴질 수 있겠지만 침묵의 순간에도 많은 소통이 된다. 침묵의 순간은 어떤 과정이 끝났음을 의미하며 화제의 전환점임을 알리기도 한다. 그룹 리더는 이 순간에 무엇인가를 말해야 한다는 부담감에서 벗어나 묵묵히 지켜볼 수 있어야 한다.

### 그룹과정에서 이야기되고 있는 이슈들에 대한 해석과 설명을 한다.

경우에 따라 그룹 리더는 교사로서의 역할을 한다. 그룹과정에서 이야기되는 것들에 대한 주제, 상징, 의미 등을 해석하고 설명할 수 있어야 한다.

### 느낌과 감정을 표현할 수 있도록 돕는다.

강한 감정 혹은 느낌이 있어도 표현하지 않고 억제하는 멤버가 있다. 그룹 리더는 강압적이지 않고 도움을 주는 위치에서 그 멤버에게 지금 현재의 경험을 표현할 수 있도록 도와야 한다.

## 소그룹 리더의 자세

소그룹 리더는 그룹의 멤버이면서 리더다. 따라서 그룹 전체를 혼자 이끌어 가겠다는 생각을 가져서도 안되고 먼저 앞서 나가서도 안된다. 소그룹 리더는 구성원들 스스로 참여하고 각자가 역할과 책임을 할 수 있도록 도와야 한다.

원조적이어야 한다.

소그룹 리더는 지나친 권위나 자기주장을 가지고 그룹을 일방적으로 이끌어 가서는 안된다. 그룹과정이 원활하게 진행되지 못할 때 멤버들에게 원조를 주되 리더에게 의존하지 않고 멤버들 스스로 문제를 풀어갈 수 있도록 도와야 한다.

### '지금 여기서'에 대한 감수성이 민감해야 한다.

리더는 자기 자신에 대한 감수성과 그룹과정에 대한 감수성을 가져야 한다. 자기 자신에 대한 깊은 통찰력을 가지고 자신의 부족함과 한계를 알아야 하며 그룹과정에 대하여 직관력을 가지고 문제의 진단과 문제를 해결할 수 있는 능력을 가져야 한다.

### 그룹 구성원들과 '함께 있다', '함께 산다'는 자각에 철저해야 한다.

그룹 리더는 구성원들에 대한 이해와 믿음을 통한 수용성과 공감성을 가져야 한다. 개인의 차이를 인정하고 존중하며 개성을 건전하게 발달시킬 수 있도록 도와야 한다.

### 대결 형식으로 도움을 줄 수 있어야 한다.

소그룹 리더의 지나친 보호와 애정으로 멤버들이 리더에게 지나친 호감과 의존하도록 해서는 안된다. 때로는 대결(confrontation) 형식으로 맞설 수 있어야 한다. 그룹과정에서 대결이 있게 될 때 멤버들은 솔직한 감정을 표출할 수 있다.

**실패를 두려워해서는 않는다.**

소그룹 리더는 멤버들이 실수를 범할 수 있는 자유까지 허용해야 하며 그룹과정이 목적한 대로 진행되지 않는다고 하여 좌절해서도 안된다. 그룹과정에서 일어나는 일은 어떤 상황도 다 학습의 자료가 되기 때문에 멤버들이 실패를 통해서도 배우고 대처할 수 있는 능력을 길러 주어야 한다.

**그룹 촉진자의 주의 사항**

- 평가적 언어나 태도를 삼간다.
- 고집을 부리지 말아야 한다.
- 유도심문을 하지 말자.
- 멤버들의 행동에 대하여 주관적 해석을 하지 말자.
- 멤버들이 리더에게 지나치게 의존하지 않도록 한다.
- 그룹과정에서 방향감각을 잃지 않게 한다.

## 소그룹 지도자의 자질

그룹 리더의 자질은 자질론과 상황론 입장에서 논한다. 자질론에서의 리더십은 개인의 자질에서 나온다는 것이고, 상황론에서의 리더십은 상황에서 나온다는 입장이다. 소그룹에서 리더의 자질론을 말할 때도 자질론과 상황론 두 입장을 고려해야 한다.

그룹 리더 개인의 가치관, 성품, 지식수준 등은 그룹을 이끌어 가는 형태에 영향을 미치게 된다. 지도자의 자질은 그룹을 활성화시킬 수도 있고 침체시킬 수도 있다. 그룹을 민주적으로 유연하게 이끌어 가기 위해서는 리더의 자질이 필수 요건이다.

그룹의 상황 즉 그룹의 목적, 그룹 구성원의 욕구, 그룹 구성원의 수준 등은 그룹을 이끌어 가는 방향을 결정한다. 그룹의 상황에 따라 리더의 권위와 개입 정도, 의사소통의 방향 등을 결정한다. 소그룹 리더의 자질은 내적인 면과 외적인 면으로 나눌 수 있다. 내적인 자질로는 감수성, 배려심 등이 있고 외적인 자질로는 전문지식, 의사소통 기술 등이 있다.14)

### 감수성(Sensitivity)

소그룹 과정에서 리더의 감수성은 멤버들을 이해하고 배려하는 원천이 된다. 리더의 태도는 멤버들에 대한 감수성 정도에 따라 좌우된다. 감수성이 있어야 멤버들의 관점과 생각을 이해하고 관심을 가질 수 있다.

- 리더의 인식의 깊이와 방식에서 영향을 받는다.
- 리더의 선입견, 의지, 아이디어 등에 따라 영향을 받는다.
- 리더는 환경에 대한 감수성보다 사람 중심의 감수성이 있어야 한다.
- 리더의 감수성은 자기 이해와 수용성으로부터 영향을 받는다.
- 멤버에 대한 이해, 관심, 배려 등은 감수성에서 온다.
- 리더가 멤버를 변화시키려고 하기보다는 이해하려는 입장에 서야 한다.

---

14) Ibid. 107-110쪽.

## 배려심(Consideration)

소그룹 리더의 배려심은 멤버에 대한 이해와 관심 그리고 수용적 태도를 말한다. 리더의 감수성에서 공감(empathy)과 동정심(sympathy)이 일어나고, 공감과 동정심은 상대에 대해 측은한 마음을 갖는 것이 아니라 배려가 있는 공감과 동정심이어야 한다.

- 배려와 관심이 따르는 동정심이어야 한다.
- 이해와 관심이 없는 동정심은 바람직하지 않다.
- 존경심이 수반된 동정심이어야 한다.
- 리더의 자기만족을 위한 동정심은 바람직하지 않다.
- 공감성, 동정심에 기반을 둔 감수성을 가져야 한다.

## 무형적 자질

그룹 리더의 인생관, 신앙, 삶의 목표 등은 리더십에 영향을 준 리더의 경험과 미래에 대한 목표는 그 이미지를 만들고 그 이미지가 리더십을 좌우한다. 리더의 학문적 배경, 조직 멤버로서의 경험 등은 리더십에 영향을 미친다. 따라서 리더는 현실에 대한 인식이 필요하다. 이러한 인식의 바탕으로 창의성, 유연성, 결단력 등이 요구된다.

- 리더는 긍정적인 생각과 창의성이 있어야 한다. 이를 위해서 미래 일에 대한 이미지를 상상하고 시뮬레이션을 해야 한다.
- 리더는 그의 생각에 대한 유연성이 있어야 한다. 자신의 생각이 현실성, 실재성, 유용성이 있는가를 돌아보아야 한다.
- 리더는 문제에 직면했을 때 문제 해결능력과 의사결정에서 최선을 선택할 수 있는 용기와 결단력이 있어야 한다.

## 유형적 자질

그룹 리더는 내적인 인격을 갖추는 일도 중요하지만 외적으로 의사소통 능력, 전문적 지식과 경험 등을 갖추어야 한다. 그룹다이내믹스의 이해, 심리발달의 이해, 인간관계의 이해 등의 지식과 소그룹 리더로서의 경험을 가져야 한다.

- 의사소통 기술—경청의 기술, 응답하는 기술, 표현력, 인터뷰 기술, 대결 기술
- 전문 지식—그룹다이내믹스, 조직 행동력, 심리학, 행동과학, 사회학

# 제8장

# 소그룹 멤버십

## 소그룹의 멤버의 참여 자세[15]

그룹의 목적을 달성하는데 여러 사람이 협력하여 보다 신속하고 효과적인 성취를 할 수 있다. 여러 사람이 의견을 내고 그 중에 최선의 방안을 선택할 수 있고 역할을 분담하여 체계적이고 신속하게 업무를 처리할 수 있다. 또한 그룹 안에서 타인의 경험을 간접으로 경험하며 자신의 성장을 도모할 수 있다. 그룹에서 리더십이 중요하지만 멤버십 또한 중요하다. 멤버의 자세를 보면 다음과 같다.

## 진지한 경청 자세

그룹에서 다른 사람의 의견을 신중하게 경청을 하게 될 때 적절한 피드백을 줄 수 있다. 경청을 잘하기 위해서는 상대에 대한 믿음, 집중, 공감, 수용 등이 요구된다.

---

15) Henry Cloud & John Townsend, op. cit. 193-250쪽 참조.

## 피드백 나눔

피드백을 나눔으로써 그룹에 비쳐진 자신을 볼 수 있다. 피드백을 주고받음으로써 자신이 알고 있는 자신과 타인이 알고 자신을 발견할 수 있다. 자신의 행동패턴, 장점과 단점, 한계와 능력, 대화 스타일 등을 알 수 있다.

## 사랑을 나눔

그룹에서 서로 공감하고 용기를 주며 지원해주고, 상대의 단점을 수용하며, 서로에 모범이 되고, 고통을 분담함으로써 사랑의 감정과 친밀감을 형성할 수 있다.

## 성장과 변화

그룹을 통해 상호 이해하고 배움으로써 자신의 성장과 변화에 도움이 된다. 상호 지적을 통해 자신의 약점과 잠재적 가능성을 발견하게 되며 자신의 부족한 점을 보완하고 단점을 고칠 수 있다.

## 비전과 자신감

그룹을 통해 자신의 의견, 욕구, 비전 등을 표현하며 자신의 삶에서 이를 구현하려고 노력하게 된다.

## 자신의 달란트를 발견하고 개발함

자신의 장점, 잠재적 능력 등을 발견하고 이를 개발하기 위해 노력하고 다른 사람으로부터 지원과 응원을 받을 수 있다.

# 소그룹 과정에 참여하는 자세

- 자발적으로 참여한다.
- 지나치게 체면과 눈치를 보지 않는다.
- 기술을 배우기보다 나의 변화에 집중한다.
- 자기 자신의 감정과 느낌을 솔직히 표현한다.
- 갈등을 피하지 말고 대면한다.
- 관찰자가 되지 말고 참여자가 된다.
- 충고, 조언, 훈계보다는 수용적인 자세로 임한다.
- 지적받았을 때 회피나 변명하지 말고 받아들인다.
- 내 마음을 열면 열수록 상대가 나에게 다가옴을 경험한다.
- 그룹에서 있었던 이야기는 그룹의 종료와 동시에 끝난다.

# 제9장

# 작은 교회 목회 리더십

그룹의 상황이 리더십의 형태를 결정한다. 그룹의 목적, 구성원의 특성, 그룹의 규모 등에 의해 리더십의 형태가 달라진다. 작은 교회에서는 작은 교회의 상황에 맞는 리더십이 요구된다.

## 작은 교회 목회자의 기능[16]

작은 교회 목회자의 기능은 그 그룹의 특성에 따라 다를 것이다. 작은 교회 목회 리더십의 공통점은 업무 중심에서 관계중심, 더불어 누리는 권위, 목사 중심 결정에서 민주적 결정, 관리자로서보다는 참여자로서의 위치 등을 고려한 리더십이 되어야 한다.

### 상호 의존적인 관계 형성

작은 교회에서의 교인들은 수동적으로 따라가는 것이 아니라 목회 활동에 적극적으로 참여할 수 있다. 자신의 능력과 경험을 교회를 위해

---

16) C. Gratton Kemp, op. cit. 112-117쪽.

서 충분히 발휘할 수 있다. 작은 교회 목회자는 이러한 교인들의 참여를 이끌어갈 수 있도록 해야 한다.

## 중요한 결정에서의 멘토

의사 결정 구조를 보면 그 조직이 얼마나 합리적이고 민주적인 조직인가 아닌가를 알 수 있다. 작은 교회는 민주적인 의사소통이 되어야 한다. 목회자는 멤버들이 어떤 일을 결정할 때 그것에 대한 지식과 정보를 주어 바람직한 결정이 될 수 있도록 해야 한다.

## 서브그룹(sub-group)의 조직

작은 교회 목회 특징이 프로그램 목회가 아닌 관계적이고 정적인 것이지만 작은 교회 역시 예배, 교육, 선교, 봉사 등의 사역을 해야 한다. 이러한 사역을 위해서 그룹을 조직화해야 하고 전체 조직체 아래 서브그룹이 있어야 한다. 목사는 그 교회의 목표, 그룹 구성원들의 특징에 따라 교회 속의 작은 교회를 만들어 소그룹을 활성화시킬 수 있어야 한다.

## 리더이면서 참여자

소그룹 리더는 리더이며 참여자이다. 소그룹 리더는 관대함과 수용성을 가지고 멤버의 의견을 청취하고 대화해야 한다. 소그룹 리더는 그룹에서 관찰자이면서 모범(시범)을 보이고 그룹의 안내자, 촉진자가 되어야 한다.

# 작은 교회 목회자의 자세

성경 베드로 전서 5장에 초대교회 지도자인 장로들에게 권하는 말씀이 있다. 이 말씀은 평신도 지도자들의 좌우명이 된다. 평신도 지도자들이 지켜야 할 세 가지 자세로 목양삼칙(牧羊三則)이 있다. 평신도 지도자는 목회사역에서 "첫째, 자원함으로 임해야 한다. 둘째, 자신의 이익을 위해 일하지 않는다. 셋째, 신도들의 본이 된다."라는 내용이다.

> "너희 중 장로들에게 권하노니 나는 함께 장로 된 자요 그리스도의 고난의 증인이요, 나타날 영광에 참여할 자로다. 너희 중에 있는 하나님의 양의 무리를 치되 부득이함으로 하지 말고 오직 하나님의 뜻을 좇아 자원함으로 하며, 더러운 이득을 위하여 하지 말고 오직 즐거운 뜻으로 하며, 맡은 자들에게 주장하는 자세를 하지 말고 오직 양 무리의 본이 되라. 그리하면 목자장이 나타나실 때에 시들지 아니하는 영광의 면류관을 얻으리라."(베드로 전서 5장 1절—4)

**교회를 거쳐가는 곳이라고 생각해서는 안된다.**
* 한 교회를 변화시키려면 한 곳에서 5년에서 6년의 목회 기간이 필요하다.
* 거쳐가는 목회자라고 생각하면 교인들로부터 신뢰를 받을 수 없다.

**목회 기본에 충실해야 한다.**
예배, 교인양육, 목회적 돌봄, 공동체성 함양 등 목회 기본에 충실해야 한다.

**교인들의 사정을 잘 알아야 한다.**

교인과 함께 있고 함께 일한다.


**교인들에게 사명감을 고취시킨다.**

교인들 각자의 소질을 길러 목회의 동역자로 삼는다.


**목회와 선교를 향상시키는 새로운 방법을 계속적으로 모색한다.**

교인들이 변화의 필요성과 열망을 갖도록 한다.


**교인들이 함께 참여할 수 있도록 자긍심과 사기를 높여준다.**

교인들이 한 배를 탄 공동운명체임을 느끼게 한다.


**교회가 교인과 더불어 할 수 있는 선교와 목회활동에 대한 리스트를 만든다.**

교인들로 하여금 선교적 사명을 자신들의 삶에서 우선순위에 둘 수 있도록 한다.


## 교회 소그룹 리더의 6가지 자세—6Cs

### Confirmation(확증)

교회 리더는 무엇보다도 먼저 소명감이 있어야 한다. 교회사역을 위해 하나님께서 자신을 소명하셨다는 확신이 있어야 한다.


### Conviction(신념)

교회 리더는 신념이 강한 사람이어야 한다. 소신과 용기를 가지고 스스로에게 엄격해야 하며 성서적 신념을 가지고 교인들의 잘잘못을 가려줄 수 있어야 한다.

### Commitment(헌신)

교회 리더는 헌신적이어야 한다. 교회 사역을 소홀히 하는 신도들에게 책임 있는 사람이 되도록 하기 위해서는 솔선수범을 해야 한다.

### Competent(능력)

교회 리더는 실력이 있어야 한다. 구성원보다 인격적인 면이나 실력 면에서 앞장서게 될 때 리더의 말이 설득력 있게 된다.

### Carving(개척정신)

교회 리더는 무엇보다도 하나님의 일에 대한 사랑과 열정을 가져야 한다. 구성원들에게 신념과 용기를 주기 위해서는 먼저 자신이 열정을 가지고 교회사역에 솔선수범해야 한다.

### Care(돌봄)

교회 리더는 먼저 사람을 사랑할 수 있어야 한다. 의무감에서 리더가 되는 것이 아니라 사람을 사랑하기 위해서 교회사역에 참여해야 한다. 사람에 대한 관심과 배려가 있을 때 멤버들이 리더를 존경하고 따른다.

# 제10장

# 작은 교회의 목회 구조와 활동

## 작은 교회의 재정

독립 교회로서 작은 교회가 직면한 가장 큰 어려움은 재정적 궁핍이다. 작은 교회가 전담 목회자를 두거나 성전을 임대하여 사용한다면 큰 재정적 궁핍을 면치 못할 것이다. 따라서 작은 교회는 봉사직의 평신도 지도자가 사역해야 한다. 그리고 모임의 장소는 임대료가 없는 가정이나 마을회관, 학교 등의 건물을 빌려 사용해야 한다.

기독교 초대교회에서는 "믿는 사람이 다 함께 있어 모든 물건을 서로 통용하고 또 재산과 소유를 팔아 각 사람이 필요에 따라 나눠주고 날마다 마음을 같이하여 성전에 모이기를 힘쓰고"(사도행전 2장 44—46)라고 하였다.

기독교의 원형인 초대교회 정신은 '나눔과 섬김'이다. 작은 교회가 이 정신을 계승한다면 인정(人情)과 감사가 넘치는 교회가 될 것이다.

성경에 다섯 개의 떡과 두 마리의 물고기로 5천명이 나누어 먹는 오병이 어의 기적이 일어났다(요한복음 6장 1—14). 이 이야기가 사실이냐 아니냐는 것은 중요하지 않다. 여기에 서로 나누고 섬기는 정신이 담겨 있다. 한국에 '적은 밥이 남는다.'는 속담이 있다. 서로 양보하다보면 적은 밥이 남는다. 이처럼 나눔과 섬김의 공동체가 된다면 작은 교회가 겪는 재정적 궁핍은 큰 문제가 되지 않는다.

필자가 가정교회장으로 담임하였던 목천가정교회는 12가정이 모인 공동체였다. 필자는 교수라는 직업이 있었기 때문에 사은비가 필요 없었고, 이웃 대학의 세미나실을 주일 예배장소로 사용하고, 기도회나 훈독회 모임은 가정에서 이루어졌기 때문에 성전 관리를 위한 경비가 필요하지 않았다. 가정교회장을 비롯한 12가정이 내는 헌금은 선교, 교육, 봉사를 위한 활동비로 충분하였다. 다음은 작은 교회의 재정적 궁핍을 극복할 수 있는 길이다.

### 순회 목사 제도를 활용한다.

지역교회의 전문 목회자들이 작은 교회를 지원하는 시스템이 되어야 한다. 지역교회 전문 목회자들이 몇 개의 작은 교회를 맡아 순회하며 예배인도, 교육 등을 지원하는 제도를 도입해야 한다.

### 작은 교회 지도자 혹은 그의 부인이 직업을 갖는다.

서구 기독교에서는 담임목사나 목회자 사모가 대부분 직업을 갖거나 파트 타임으로 일하는 경우가 많다. 작은 교회에서는 목회자 혹은 목회자 사모가 직업을 갖고 협동해서 사역해야 한다.

### 직장을 은퇴하고 연금을 받는 사람이 목회한다.

고령화 시대가 되어 6070세대는 이제 노인이라 할 수 없다. 이들 세대 가운데 은퇴하고 연금으로 생활하는 사람이 작은 교회 목회자로 사역한다면 그들의 경험과 봉사로 교회가 재정적으로 안정을 기할 수 있을 것이다.

## 평신도 지도자가 사역한다.

비교적 시간적인 여유가 있고, 재정적 여유가 있는 평신도들이 작은 교회 목회자로 봉사한다. 물론 이들은 일정한 교육을 거쳐 목회자로서의 자질과 소양을 닦아야 한다.

## 교회 시설을 임대하여 수입을 얻는다.

지역교회 지원 혹은 일정한 건축 기금으로 건물을 세워 일정 부분은 교회 모임 장소로 사용하고 나머지 공간을 임대할 수 있다면 재정적으로 도움이 될 것이다.

## 교회가 안정된 사업을 한다.

교회가 위탁 복지사업 또는 안정적인 소규모 사업을 하여 고정적인 수입을 확보할 수 있다면 안정적인 교회 운영이 될 것이다.


## 목회와 교회 목회 공간

작은 교회는 작은 교회의 기능과 목회 방식이 있고 큰 교회는 큰 교회의 기능과 목회 방식이 있다. 작은 교회에서의 예배, 교회교육, 전도 방법, 교회 행정 등은 큰 교회와 같을 수 없다. 작은 교회가 큰 교회의 목회 방식을 따라가게 되면 권위적이고 형식에 치우치게 된다. 교회의 기능에 따라 교회 공간의 크기, 시설물의 배치, 강단의 구조 등이 달라져야 한다. 교회의 공간의 분위기를 어떻게 조성하는가에 따라 예배 분위기를 살릴 수도 있고 예배의 효과를 떨어뜨릴 수 있다. 이를테면 강단을 어떻게 꾸미는가에 따라 하나님과 인간이 사랑을 나누는 따뜻한 분위기를 만들 수 있고 건조한 분위기를 만들 수도 있다. 강단의 높이 하나에도 상징하는 의미가 다르다. 강단을 낮고 회중과 가깝게 배치하면 목회자와 회중 간 친밀함과 따뜻함을 느끼게 한다.

작은 교회의 특징은 가족적 교회라고 할 수 있다. 따라서 작은 교회는 가정의 분위기를 갖도록 성전, 강단, 장비 배치 등이 이루어져야 한다. 교회의 크기와 공간의 활용, 실내 장식 등을 가족 간의 사랑과 따뜻함이 느껴지도록 꾸며야 한다. 목회 소신과 기능에 따라 교회 공간이 달라져야 한다.

특히 위드 코로나(With Corona) 시대에는 공간의 개념과 기능이 달라져야 한다. 이제 온라인상에서 만나는 온텍트(Ontact)시대 그리고 나를 위한 휘텍트(Fortact) 시대가 되었다. 따라서 교회 공간은 휴식과 친교를 위한 장소로 더 많이 이용될 것이다. 지금까지 교회 공간은 예배와 교육을 위해 사용되었지만 이제는 만남과 친교 그리고 휴식의 장으로서의 기능이 더 중요하게 될 것이다.


## 교회 사이즈와 목회 유형

### Lyle Schaller의 교회 유형[17]

셸러는 교회의 유형을 예배 인원에 따라 분류하고 교회 명칭을 붙였다. 여기서 사용한 명칭은 교회의 특징과 기능을 암시한다. 셸러가 표현한 작은 교회는 아래의 1)번과 2)번의 교회를 말한다. 이 작은 교회는 활기가 있고 활동적이며 경건한 놀이의 사역에 역점을 두어야 한다.

---

17) David R. Ray, op. cit. 73-74쪽.

Fellowship Church(Cat Church)—예배인원 35명 이내의 교회

Small Church(Collie Church)—예배인원 35명에서 100명 이내의 교회

Middle—sized Church(Garden Church)—예배인원 100명에서 175명 이내의 교회

Awkard Church(House Church)—예배인원 175명에서 225명 이내의 교회

large Church(Mansion Church)—예배인원 225명에서 450명 이내의 교회

Huge Church(Ranch Church)—예배인원 450명에서 700명 이내의 교회

Mini—denomination Church(Nation Church)—예배인원 700명 이상의 교회


## Arlin Rothauge의 교회 유형

로사우즈는 목사의 역할, 교인들의 기대, 사역의 방향, 새로운 사람들의 연결, 참여하고 싶은 교회 사이즈 등에 따라 교회의 유형을 분류하였다.[18] 그는 가족형 교회(Family Church)를 작은 교회로 보았다. 작은 교회는 상황에 따라 우연히 작은 교회가 된 것이 아니고 목회 철학과 목적에 따라 인위적으로 작은 교회를 지향한 것이다.

### Family Church—50명 이내의 활동적인 교인

특별한 분야에 소명감을 가진 교회, 목사는 가정 채플린의 역할, 새 신자는 가족적 분위기 등의 특징을 갖는 교회다.

---

18) Ibid. 74-75쪽.

### Pastoral Church—50명에서 150명의 활동적인 교인

두세 개의 Cell Church를 가지고 있으며 교구로부터 독립성이 매우 강하며, 의사소통은 비교적 의도적이다. 또한 조직적인 행사, 교인으로서 동화가 쉽게 된다는 특징을 갖는다. 따라서 목회에서 친밀함과 동화가 중심 전략이 된다.

### Program Church—150명에서 350명의 활동적인 교인

평신도에 의한 민주적인 조직과 리더십, 목사의 리더십은 교회 사역자들을 위한 리더십과 다양한 프로그램을 이끌어갈 수 있는 훈련된 평신도 리더십을 가져야 한다.

### Corporation Church—350명 이상 활동적인 교인과 시설을 갖춘 교회

카리스마와 비전이 있는 목회 리더십이 필요하며 다양하고 역동적인 소그룹 목회가 필요하다. 이 때의 소그룹은 교회 속의 작은 교회로서의 특성을 갖는다.


## 작은 교회의 사기 진작과 정신 제고(提高)

작은 교회 구성원들은 양적인 규모가 작다는 것에 열등감을 가질 수 있다. 그러나 작은 교회는 양적 목표를 추구하기보다 교회의 본질에 충실할 수 있다는 장점을 가질 수 있다. 교회의 규모가 작다는 것은 신학적으로 당연하고 자연스런 것이라고 생각해야 한다. 하나님의 뜻과 섭리로 볼 때 작은 교회는 본래 하나님이 바라시던 교회이다.

## 작은 교회에 대한 부정적 생각

* 우리는 정말 작은 교회다.
* 나는 작은 교회 목회자다.
* 우리는 적은 예배인원과 소규모의 주일학교 학생을 가지고 있다.
* 우리 교회는 작은 교회이면서도 좌석을 채우지 못하고 있다.
* 우리는 전담 목회자를 두기가 어렵다.

## 작은 교회의 사기와 자존감을 위한 반성

* 교회 멤버를 위하여 얼마나 투자를 했는가?
* 풍부한 자원을 가지고 있는가?
* 교회 밖의 사람들을 위해 열린 교회가 되었는가?
* 교회의 변화를 위하여 얼마나 적극적인가?
* 교회의 사역이 재미있고 보람 있는가?
* 교회의 갈등을 해결하기 위하여 신속하고 효과적으로 대처하는가?
* 교회의 문제를 해결하기 위한 결연한 의지가 있는가?
* 교회의 미래에 대한 희망이 있는가?

## 교회 분위기 갱신을 위한 11단계 프로그램[19]

1) 교인들이 사기 진작을 위한 방안에 대한 목록을 만든다.
   그 방안을 놓고 토론과 기도의 시간을 갖는다.
2) 사기 진작을 위한 핵심 프로그램과 이벤트 전략을 세우고 출발을
   위한 의식을 한다.
3) 전문가를 초청하여 리더십 워크숍을 실시한다. 더 신앙적이고 의

---

19) Ibid. 197-198쪽.

미 있고 재미있는 예배를 드린다.

4) 서로 하나되기 위한 즐거운 모임을 갖는다.

딱딱한 회의는 줄이고 기분을 전환할 수 있는 모임을 갖는다.

5) 식사를 같이 하면서 지난 한해 혹은 2년간 성공적인 일이나 교회의 강점들을 플립차트에 나열한다.

6) 나열된 교회 강점 중에 핵심적인 것을 발췌하고 그것에 대하여 축하와 격려의 시간을 갖는다.

7) 해결 가능한 문제를 정하고 그 문제에 대해 가능한 모든 전략을 나열한다.

전략 가운데 최선의 전략을 선택하고 그 문제를 책임질 수 있는 핵심 인물을 선정하고 문제해결을 위한 지혜를 모은다.

8) 모두 기쁘게 참여할 수 있는 중요하고 의미 있는 선교프로그램 하나를 선정한다.

9) 이행 가능한 한두 개의 내적, 외적 프로젝트에 대한 계획을 세우고 교인들이 참여할 수 있도록 고무시킨다.

10) 위의 프로그램을 위하여 교인들에게 적절한 헌금을 하도록 한다.

11) 12주 혹은 1년 동안 시행한 프로젝트에 대해 평가회와 성공 축하 행사를 갖는다.

# 제11장

# 교회 안의 작은 교회 운동

종교개혁 이후 신학적인 갱신운동과 평신도 운동은 교회 안의 소그룹 운동으로 밴드, 셀처치, 구역모임 등을 지향하였다. 이러한 소그룹 모임을 가정교회라고 부르지는 않았으나 이들의 교회 활동은 가정교회의 형태였다. 종교개혁 이후 소그룹들은 영적 성장과 자유로움을 추구하는 교회로 번성해 나갔다.

그러나 소그룹 형태의 교회는 지역교회에 부속되어 셀, 혹은 구역예배 등으로 번져나갔지만 퀘이커파, 메논나이트 등 독립적인 교회들은 크게 성장하지 못하고 존재감이 희미해졌다. 이렇듯 가정교회 형태의 소그룹 교회가 성장하지 못한 것은 평신도 지도자들의 지도력 부족과 교회 성장의 목표가 대형교회를 지향했기 때문이다.

한국의 대형교회 중 소망교회, 삼일교회, 온누리교회 등은 처음에 가정 혹은 조그만 집회소에서 성서 공부, 기도, 친교 등 영적인 가정교회 목회 활동이 이루어졌으나 종국에는 대형교회로 성장하게 되었다. 이렇게 자생적으로 세워진 교회들은 처음부터 대형교회를 교회성장의 목표로 삼았고 평신도 중심의 교회가 아닌 성직자 중심의 교회를 지향했다.

미국의 윌로크릭교회(Willow Creek Community Church), 새들백교

회(Saddleback Church), 한국의 순복음 교회의 구역예배, 지구촌 교회의 목장교회 등은 교회 안의 작은 교회로서 전문 목회자에 의해 운영되는 가정교회의 형태를 띤다. 이러한 교회들은 성경공부, 전도, 친교 등의 목회활동을 통해 가정교회 모델을 지향하고 있으나 평신도 중심의 목회가 아니고 목회 활동의 자율성도 부족하기 때문에 진정한 가정교회라고 볼 수는 없다.

## 교회의 소그룹 모델

"그룹이 살면 교회가 살고 그룹이 죽으면 교회가 죽는다."라는 말이 있다. 오늘날은 소그룹 운동이 화두가 되고 목회 사역의 중심에 있다. 오늘날 작은 교회가 양적으로 성장한다는 것은 거의 불가능하다. 반면에 대형교회는 더 대형화되면서 대형교회 안에서 소그룹의 필요성이 증대되고 있다. 그것은 세포와 같은 소그룹이 유기체적으로 연결되지 못하다면 교회는 정상적으로 성장하지 못하기 때문이다.

소그룹 목회는 하나의 목회 전략이라고 보기보다는 교회의 본질을 구현하기 위한 구조요 기능이다. 교회는 본질적으로 하나님의 백성 즉 하나님의 가족 모임이다. 하나님의 가족은 사랑의 공동체이기 때문에 소그룹 목회를 통하지 않고는 가족공동체로서의 기능을 할 수가 없다. 구성원들이 서로 사랑하고 돌보기 위해서는 소그룹이어야 한다.

한국 교회에서 소그룹에 관심을 가지기 시작한 것은 오래되지 않았다. 1990년대 산업사회의 발달로 교인들은 영성적 삶보다 물질적 삶을 지향했다. 양적 성장이 정체되는 상황에서 교회는 새로운 돌파구를 모색하지 않을 수 없게 되었다. 교회의 성장에 대한 갈증을 해결해 준 것이 바로 소그룹 운동이다.

초기에 개신교로부터 이단으로 도외시되었던 여의도 순복음교회는 효과적인 구역제도의 운영으로 기하급수적인 양적 팽창을 가져왔다. 여의도 순복음교회의 성장은 미국의 셀처치에 영향을 주었고 셀처치로 성장한 교회 들이 나타났다. 구역제도가 셀처치로 변형되어 우리나라로 역수입되면서 한국 기독교는 소그룹 운동으로 이목이 집중되었다. 이제 교회의 소그룹 목회는 전도, 교육, 상담 등 각 영역에서 필수적 목회구조가 되었다.

교회가 소그룹 목회를 적용하여 성공한 교회도 있지만 교회 성장에 영향을 미치지 못한 교회도 있다. 그것은 그 교회 특성에 맞는 소그룹을 정착시키지 못했거나 소그룹 운영에 대한 충분한 이해와 전략이 부족하기 때문이라고 본다. 소그룹 목회를 정착시키기 위해서는 소그룹에 대한 이해와 소그룹 운영에 대한 경험 그리고 구성원들의 적극적 참여 등이 수반되어야 한다.

소그룹의 유형은 위에 소개한 것 외에도 양육을 위한 그룹, 과제 중심 그룹, 선교와 봉사를 위한 그룹, 협력과 회복 그룹 등으로도 나눌 수 있다. 교회는 구성원이나 그 교회 유형에 맞는 소그룹을 선택할 수 있다. 물론 한 교회가 한 유형만 선택할 수는 없다. 한 교회에서 청소년부, 장년부, 부인회, 다문화가정, 동호인, 취미 등에 따라 여러 유형의 소그룹을 만들 수 있다.

교회가 여러 유형의 소그룹을 가질 수 있지만 공통적인 특성이 있다. 즉 목적성, 적당한 구성원의 수, 공동체성, 의사소통의 민주화, 평신도 지도자의 활용 등은 모든 소그룹이 갖는 공통적 특성이다. 따라서 목회자는 이러한 소그룹에 대한 이해를 가지고 소그룹 리더를 기르고 교육해야 한다. 교회 소그룹 모델은 다음과 같다.

## 통합모델(구역조직)

구역조직 모델은 여의도 순복음 교회가 대표적이다. 여의도 순복음 교회 구역조직은 한국에서보다 외국에서 더 유명하다. 서양 교회에서는 순복음교회의 구역조직을 조용기 목사의 성을 붙여 조(Cho)모델이라고 하며 조직의 특성상 통합적 소그룹 형태를 갖기 때문에 통합모델이라고도 부른다.

여의도 순복음교회 초창기에는 소그룹을 교회의 조직과 연결시키기 위해 모든 소그룹을 담임목사가 이끌어갔으나 소그룹 개체수가 늘어나면서 평신도 지도자들에게 그룹을 나누어 주는 방향으로 전환하였다. 평신도 가운데 대부분의 남자들이 직업을 가지고 있기 때문에 주로 여성 신도들을 소그룹 인도자로 세웠다.

구역모임이 시작하면서 구역장(구역 인도자)들에게 파란 모자를 나누어 주었는데 이는 담임목사를 대신한 사역자로서의 권위를 상징하는 것이었다. 구역장들은 매주 구역모임을 인도하기 전에 교회에서 사전 교육을 받고 교육받은 내용들을 가감없이 전달하는 역할을 한다.

## 제자훈련 모델

한국 개신교에서 소그룹 운동에 대한 관심을 갖게 된 것은 사랑의교회 제자훈련 프로그램이다. 사랑의교회가 제자훈련 프로그램의 성과로 대형교회로 성장하자 많은 교회들이 제자훈련 프로그램에 관심을 갖게 되었다. 제자훈련 프로그램은 사랑의교회가 창안한 독특한 프로그램은 아니지만 제자훈련 프로그램을 수용하여 대형교회로 성장한 대표적인 교회다. 서양 교회의 네비게이토와 같은 선교단체에서 제자훈련을 제창하여 많은 젊은이들에게 영향을 미쳤지만 사랑의교회처럼 대형교회로 성장한 케이스는 없다.

제자훈련 모델의 근거는 예수 그리스도의 사역에 두고 있다. 예수께서 3년 공생애를 출발하면서 제자들을 모으시고 그들을 훈련하여 파송하는 사건이 제자훈련의 모델이라고 한다. 이 모델에서는 제자로 훈련을 받은 사람들이 한 사람의 멘토가 되어 또 한 사람의 제자를 키우는 것이다. 즉 한 사람을 그리스도인의 생활에서 영적으로 성숙하도록 돕고 재생산하도록 키우는 영적 작업이라고 할 수 있다.[20]

제자훈련은 보통 6주에서 10주프로그램으로 구성되었다. 교육내용은 주로 제자로서의 소명감, 효과적인 전도 방법, 신앙성장 방법, 그리스도인으로서의 신앙생활, 대중 앞에서의 신앙고백, 교회의 정기적 출석 등이다. 그리고 제자훈련은 주로 게리 쿠네(Gary W. Kuhne)의 "일대일" 훈련 방법이다. 즉 일대일 관계, 일대일 상담, 일대일 체계, 일대일 협동 등이다.

## 셀 모델

셀(cell)이란 단어는 여의도 순복음교회 조용기 목사가 1978년 저술한 『성공적인 구역조직』의 영어 번역판 『Successful home cell group』의 책 제목에서 유래되었다. 셀이란 구역조직의 영어 번역이라고 할 수 있다. 셀교회에 대한 정의는 학자에 따라 조금씩 다르지만 셀교회의 아버지라고 부르는 랄프 네이버에 따르면 "셀은 비전통적인 교회로서 교회 안에 있는 소그룹들이 특정한 방식으로 가정에서 모여 불신자들을 향한 전도, 신자들 간에 사랑의 교제, 양육, 그리고 서로 간의 돌봄과 사역을 시행하는 교회다.[21]"

위 정의에서 보면 셀교회는 번식을 위한 전도 조직이며, 전도한 신도

---

20) 김남식, 『새신자 양육론』(서울: 정음출판사, 1984), 11쪽.
21) 박홍래, 『셀그룹 셀교회』(서울: 서로사랑, 2003), 31쪽.

들을 양육하고 돌보기 위한 "교회 속의 작은 교회"라고 할 수 있다. 즉 셀의 단위 안에서 예배, 교제, 기도, 전도, 교육(양육), 봉사 등의 기능을 수행하는 작은 교회다.

목회자는 셀 안의 신도들을 돌보고 셀 리더를 양육하여 셀을 분가시키는 것이 주요 책임이다. 셀교회를 운영하는 교회에서는 셀 조직 외에 다른 조직이나 프로그램은 배제한다. 한 셀은 10명 내외로 구성되며 셀을 단위로 하여 50부장, 100부장 등의 피라미드 조직을 담임목사가 관리한다.

## 언약 모델

언약모델은 한국교회에서 좀 생소한 소그룹 모델이다. 미국 세렌디피티 하우스 (Serendipity House)의 라이먼 콜먼(Lyman Coleman)이 1959년부터 1961년까지 그의 박사학위를 준비하던 중에 "소그룹에 의한 성장"이란 이름으로 언약 모델을 시작하였고 로베르타 헤스테네스 (Roberta Hestenes)가 이 모델을 대중화시켰다. 로베르타는 1972년 시애틀의 대학장로교회에서 언약 모델을 채택하여 사역하였고 20여년간 미국교회 목회자들 대부분을 교육시키는 성과를 거두었다.

언약모델은 구약성서의 언약신학에 근거하였다. 언약 모델은 언약이라는 말뜻대로 참가자들이 모임의 규칙에 언약을 맺는 그룹이다. 이 그룹 구성원들은 민주적인 과정을 통해 소그룹의 목적, 특별한 목표, 그룹운영의 세부적인 전략, 공부의 주제와 방법 등을 결정한다. 이 모델의 강조점은 공부하는 학구적인 모임이라는데 있다. 이 모임에서 공부하는 과정이 좀 어렵고 힘들더라도 자기 스스로 언약한 것인 만큼 강한 헌신과 높은 책임감이 요구된다.

언약 모델은 장기적인 헌신과 책임감이 요구되어 소속감이 높고 장

기간 함께 공부함으로써 가족과 같은 친밀감을 가질 수 있다는 장점이 있다. 물론 이 장점은 곧 단점도 된다. 참가자들의 언약과 책임감이 요구됨으로 교회의 구성원이 핵심 멤버로 제한되고 새로운 교인들에게는 이 그룹에 흥미를 가질 수 없다는 단점이 있다.

## 협력과 회복 모델

협력과 회복 모델은 서양 교회로부터 들어온 모델로 한국교회에서는 새신자 훈련을 위해 이 모델을 채택하고 있다. 이 그룹 모델은 교회에서 아웃사이더로 있는 신도 등을 대상으로 신앙공동체에 동화되고 적응할 수 있도록 돕기 위해 만들어졌다. 소외된 사람, 상처를 받은 사람 등을 대상으로 협력과 회복을 통하여 영혼의 상처를 치료하기 위한 목적으로 형성된 소그룹이다.

협력과 회복 모델은 단순히 새신자 훈련을 위한 것에서 좀 더 확대하여 기능적인 소그룹으로 만들 수 있을 것이다. 이를테면 교회 안에 흡연자, 고3 학부모, 환자를 둔 가족, 3대가 같이 사는 가족, 싱글 맘 등을 대상으로 그들의 고통을 덜어주고 영적 성숙을 위해 그룹을 만들 수 있다.

## 세렌디피티 모델

라이먼 콜먼은 그가 재학 중인 베일러대학교에서 세렌디피티 모델에 접하여 활동을 시작하였다. 이 대학의 학생들은 성경과 세계지도 "두 권의 책을 든 학생들"로 알려졌다. 이들은 성경으로부터 매일의 삶을 인도받았고 세계지도를 보면서 매일 다른 대륙을 위하여 기도하였다. 라이먼이 학교를 졸업하고 교회사역을 할 때 샘을 만나게 되었고 샘은 라이먼의 교회사역에 대한 비전을 확장시키고 실천하는데 앞장섰다.

협력과 회복 모델이 교회 안에 소외된 사람을 대상으로 한다면 세렌디피티 모델은 교회 밖의 소외된 사람을 대상으로 만들어진 소그룹이다. 세렌디피티 모델은 미국 갈보리 감독교회에서 라이먼 콜먼과 샘 슈메이커가 교회 밖의 소외된 사람들을 돕는 사역으로 시작하였다. 샘은 교회가 지역사회를 섬기는 곳이라는 믿음을 가졌고, 이 믿음을 직접 실천하기 위해 알코올 중독자, 고통받는 노동자 등을 돕는 프로그램을 운영하게 되었다. 이 모델은 교회 밖에 있는 사람들에게 교회로 들어오는 통로를 만들어 주는 소그룹이라고 할 수 있다.

## 윌로우크릭 교회 소그룹 활동[22)]

윌로우크릭 교회는 미국 일리노이주 사우스 베링턴에 위치한 초교파 다세대 복음주의 대형교회이다. 이 교회는 1975년 빌 하이벨스 목사에 의해 세워졌으며 26,000명의 출석교인을 가진 미국의 대형교회 가운데 하나이다. 미국에서 가장 영향력 있는 교회 중의 하나로 손꼽혔던 윌로우크릭 교회는 지난 30년간 소그룹 활동과 현대적 예배, 봉사 등 다양한 프로그램으로 미국 교회 성장의 모델이 되었다.

윌로우크릭 교회는 약 2천 명의 교인들이 200개의 '제자 훈련' 소그룹 모임으로 시작했다. 그러나 소그룹 운동으로 20여 년간 양적, 외형적으로는 성장하였지만 영적 성장이 정체되고 지도자들의 탈진현상이 나타나게 되었다. 교회에서 소그룹에 속하지 못하고 제자화 되지 않은 교인들이 교회를 이탈하는 현상이 나타났다. 이러한 위기에서 윌로우크릭 교회는 소그룹 프로그램 목회에서 소그룹 중심의 교회로 거듭나

---

22) Bill Donahue, *Life-Changing Small Group*, 송영선 옮김, 『윌로우크릭 교회, 소그룹 이야기』,(도서출판 디모데, 2002) 참조

게 되었다. 1992년 이후에는 1만 8천명 이상의 교인들이 2700개의 소그룹으로 성장을 했다.

월로우크릭 교회의 소그룹 구조는 지역에 따라 분할된 교역모임 형태의 소그룹이 아니라 교인의 신앙 성숙의 정도, 세대별, 취미 및 흥미, 결혼 여부, 삶의 수준 등에 따라 구성하는 기능적 소그룹이다. 각 그룹마다 자율성과 독특성을 인정하지만 '제자 양성 그룹' '공동체 그룹' '봉사 그룹' '구도자 그룹' '후원 그룹' 등 다섯 가지 유형 중 하나의 공동체에 속하도록 하였다.

지역교회에 속해 있는 소그룹의 셀들은 보다 상위조직에 속해 계층(hierarchy)을 형성하게 된다. 각 계층에는 지도자가 있는데 월로우크릭 교회는 감도—광역(교구)지도자—코치—소그룹 지도자 등의 위계로 형성되었다. 각 계층의 지도자들은 보통 5개의 소그룹을 관장하게 된다. 한 교구장이 10명의 코치, 한 코치가 5개의 소그룹, 한 소그룹의 코치가 5명에서 10명의 교인을 관장하게 된다.

소그룹 모임은 한 달에 한 번 혹은 한 달에 두세 번 갖지만 사역 그룹들은 매주 모인다. 대부분 소그룹은 가정에서 로테이션으로 모이지만 때로는 다양한 장소를 이용할 수 있고 주최자는 구성원들이 정한다. 대부분 각 가정마다 로테이션으로 모이지만 일부 그룹은 정해진 한 가정에서 모임을 갖는다.

## 〈월로우크릭(Willow Creek) 교회 소그룹 운영 개관 〉

| | |
|---|---|
| 그룹의 크기 | 약 4~10명 정도의 구성원, 8명이 넘을 때<br>새 그룹(Daughter Group)을 번식 |
| 그룹의 리더쉽 | 훈련된 평신도 지도자, 예비 새신자 그룹 리더로서의 준비 |
| 모임의 회수 | 대부분 주 1회 모임을 갖거나 그룹에 따라 월 1~3회,<br>과제 그룹은 주 1회 모임 |
| 교재 | 리더와 멤버가 결정(The Serendipity Bible, the New<br>Community Series, Bible 101, the Walking with God series,<br>the Interaction series, Tough Question) |
| 모임 장소 | 대부분 가정을 돌아가며 모임(특별한 경우 한 가정으로 고정)<br>모임장소는 다양함(멤버들이 다음 모임 장소를 결정함) |
| 그룹 운영기간 | 그룹의 목적에 따라 다름: 회복그룹—약 9개월,<br>어린이 그룹은 학년도 말까지,<br>성인그룹은 3~5년, 새로운 그룹이 번식될 때까지 |
| 구성원 | 대부분 모두에게 열려 있음(핵심 멤버들의 멤버십, 새신자<br>회원을 받아 들이기 위한 빈의자 사용) |
| 소그룹 유형 | 세대별 모임(커플, 싱글, 장년, 부인, 어린이, 청년 등)<br>과업 그룹(과업 수행이나, 벌런티어 사역)<br>관심 그룹(비신앙자를 위한 구도자 그룹)<br>돌봄 그룹(알코올중독자, 소외자, 이혼자 등을 위한 그룹) |
| 감독 그룹 | 모든 그룹은 약 5개 소그룹을 관리하는 코치(평신도)가 있고,<br>10명의 코치를 관리하는 교구장(목회자)이 있음 |
| 그룹 현황 | 약 18,000명 구성원에 약 2,700개 그룹,<br>약 3,500명의 리더와 코치 |

〈월로우크릭(Willow Creek) 교회 소그룹 유형〉

| | 제자훈련 그룹 (Disiple-aking Group) | 공동체 그룹 (Community Group) | 봉사 그룹 (Service Group) | 전도자 그룹 (Seeker Group) | 협력 그룹 (Support Group) |
|---|---|---|---|---|---|
| 구성원 | 구조화된 제자의 도리를 찾는 신앙인 | 신앙인, 비신앙인 | 신앙인, 비신앙인 | 대부분 비신앙인 | 신앙인, 비신앙인 |
| 교과 과정 | 정해진 공식 사용 | 선택한 교재를 리더가 응용하여 활용 | 선택한 교재를 리더가 응용하여 활용 | 멤버의 요청으로 결정 | 목회자에 의해 결정 |
| 빈의자 (Open Chair) 사용 | 교과과정 훈련용으로 사용 | 멤버 확보를 위해 사용 | 멤버 확보를 위해 사용 | 항상 사용 | 기본적으로 새 그룹을 만들 때 사용 |
| 강조점 | 영성개발 성서암기 제자훈련 | 공동체성 강화 새 회원 초청 | 과업 완수 새 회원 초청 | 새 신자 전도 회심자 훈련 | 개인적으로 고통을 겪는 사람들에 대한 지원 |
| 번식 | 새 그룹을 인도할 도제 양성 | 2년~ 3년 후 그룹 재구성 | 과업에 따라 새 그룹 구성 | 예비리더가 새 신자, 구도자 그룹 인도 | 새 그룹을 형성하기 위한 예배 리더 훈련 |
| 기간 | 18~24개월 | 계속된 성장과 새 그룹 구성 | 계속된 성장과 새 그룹 구성 | 평균 1년 | 그룹의 목적과 구성원들의 욕구에 의해 결정 |

# 제12장

# 목천가정교회 이야기

## 설 립 배 경

필자가 2002년부터 2005년까지 3년 동안 가정교회를 운영했다. 필자가 처음부터 가정교회를 개척한 것은 아니다. 모교회인 가정연합에서 지역교회를 해체하고 가정교회 체제로 전환하면서 필자도 한 가정교회의 교회장을 맡게 되었다. 상위 기관인 교구본부가 있었으나 각각의 가정교회는 예배, 교회교육, 목회활동 등에서 독립적이고 자율적인 운영을 하였다.

필자가 담임한 목천가정교회는 지역교회로부터 배정받은 12가정으로 시작하였다. 가정들은 60대 부부 2가정, 50대 부부 2가정, 40대 부부 4가정, 30대 가정 3가정, 20대 부부 1가정 등 12가정으로 구성되었다. 대부분 돈독한 신앙과 순종과 헌신을 소중하게 생각하는 교인들로 구성되었다. 평소 '미래의 교회는 가정교회 형태가 되어야 한다.'는 소신을 가졌던 필자는 모범적인 가정교회를 만들어보겠다는 신념으로 가정교회 사역에 임하였다. 그동안 대부분의 교회가 성장의 목표를 대형교회에 두었기 때문에 가정교회에 대한 자료가 그렇게 많지는 않았지만 기독교 초대교회 그리고 현재 가정교회 형태의 소그룹 교회에 대한 자료를 통해 가정교회의 비전과 목회의 방향을 세웠다.


## 목천가정교회의 비전과 목회 방향

가정의 일반적 기능은 출산, 교육, 경제, 보호와 휴식 등이다. 가정교회도 마찬가지로 전도, 교육, 경제적 나눔과 돌봄, 친교 등의 기능을 갖는다. 목천가정교회는 이러한 기능을 실천하기 위해 '가족적인 분위기의 교회' '말씀이 살아있는 교회' '나눔과 섬김의 교회' 등을 교회 비전으로 삼았다.

기존의 교회에서 성장의 목표를 양적 성장에 두어 때문에 전도를 제1의 목표와 과제로 삼았지만 목천가정교회는 '참사랑의 실천'을 교회 성장의 첫째 목표로 삼았다. 하나님과의 종적인 사랑을 바탕으로 교인 간에 참사랑, 이웃 간에 참사랑 실천을 교회 성장의 목표로 삼았다.

전도란 찾아가 말씀을 전한다는 개념에서 교인들의 삶을 보여주는 것임을 강조하였다. "화로가 뜨거우면 화로 주변에 사람들이 모인다." 는 말씀처럼 교인들끼리 사랑과 화목으로 행복하면 자연적으로 이웃이 전도된다. 가정교회는 천국생활의 훈련장이며 천국생활의 전시장이다. 이웃사람들이 나도 저들과 함께하고 싶다는 생각이 들어 찾아오고 싶은 교회가 되어야 한다.

## 모임의 장소

목천가정교회가 출발하면서 지역교회에 대한 관념으로 교회를 이해하던 교인들은 상가건물을 임대하여 교회성전을 마련하고 전담 목회자를 초빙하자고 제안하였다. 필자는 매주 예배를 인도하며 설교(말씀의 새김) 시간에 4주 연속 가정교회의 필요성, 목적, 조직, 운영에 대한 교육설교를 하였다.

교육을 통해 교인들의 가정교회에 대한 인식이 바뀌었다. 현실적으로 성전을 갖고 전담 목회자를 초빙하게 되면 교회가 경제적 부담을 갖는다는 것과 가정교회가 지역교회의 축소판이 아니라는 생각을 갖게 되었다. 따라서 주일 예배 모임은 가까운 거리에 있는 대학의 세미나실을 활용하였고 수요일 말씀 공부 모임은 각 가정을 순회하면서 이루어졌다.

목천가정교회는 양적 성장을 목표로 하지 않고 건강한 교인 육성과 건강한 교회를 지향하였기 때문에 전담 목회자나 성전 개념의 교회 건물이 필요하지 않았다. 현실적으로 소수 교인들의 헌금으로는 성전 관리비와 전담 목회자의 사례비를 감당할 수 없는 것이다. 하나님 백성의 모임 자체가 교회이기 때문에 장소가 교회를 표상하지는 않는다. 하나님의 선택과 축복을 받은 가정들이 모이는 교회에 하나님이 함께 하신다.


## 가정교회의 조직

가정교회는 작은 교회로서 조직의 단순성과 실제성을 추구해야 한다. 따라서 목천가정교회는 기존의 교회처럼 장로, 권사, 집사 등의 직분보다는 모두 식구라는 이름의 모임이다. 다만 기능적 직분이 아닌 존경을 표시하는 호칭으로 장로님, 권사님, 집사님 등의 호칭을 그대로 사용하였다. 교회를 운영하기 위해서는 각 세대의 대표성을 갖는 교인들로 구성된 운영위원회 조직이 있고 하부 조직으로 장로 권사로 구성된 기도 그룹, 젊을 교인들로 구성된 선교 봉사 그룹, 예배와 교육을 위한 그룹 등 소그룹 모임을 구성하였다. 기도반은 장로님과 권사님 네 분이 교회와 어려운 가정을 위해 기도하는 모임이고, 선교봉사반은 헌금관리, 인터넷 카페관리, 예배 준비 등 교회내의 봉사, 교회 밖의 노인회와 아파트 부녀회 등에서 봉사하는 두 그룹이 있다.

목천가정교회는 전 교인들에게 사명과 역할을 부여했다. 연로하신 장로와 권사님들은 기도와 심방 담당, 예배를 준비하는 교인, 교회 인터넷 카페 관리하는 교인, 헌금과 교회 재정을 관리하는 교인, 주변 노인회에 봉사하는 교인, 아파트 부녀회에 봉사하는 교인, 주일학교에 봉사하는 교인 등의 사명과 역할을 분담하였다.


## 재정 운영

일반적으로 가정교회는 재정상태의 빈곤으로 선교, 봉사 및 친교활동이 위축될 수 있다는 선입견을 갖는다. 그러나 가정교회의 특성을 잘 살린다면 지역교회보다 재정상태가 양호하고 활발한 교역활동을 전개할 수 있다. 보통 지역교회는 사역자들의 인건비가 교회 재정 지출의 50% 이상을 차지한다. 그러나 가정교회는 건물 유지관리비, 목회자 사례비 등이 지출되지 않기 때문에 수입의 상당 부분을 목회 활동비로 사용할 수 있다.

목천가정교회 경우 교인들에게 십일조 헌금 외에 특별헌금, 행사를 위한 헌금 등 별도의 헌금을 부과하지 않았다. 한 달 평균 250만원 헌금

수입 중 상위 기관인 교구에 수입의 30% 헌금, 교회 총무(신학대 학생) 장학금 70만 원, 선교 및 봉사활동비 50만원 등을 지출하고 한 달 평균 50만 원 정도 저축이 가능했다. 이렇게 축적된 재정은 연말에 재정적으로 어렵거나 애경사가 있는 가정을 도울 수 있었다.

## 목천가정교회의 예배

목천가정교회의 정기 예배는 주일예배와 수요 훈독회가 있다. 주일 예배는 일요일 11시에 이웃 대학의 세미나실을 이용하였고 수요 훈독회는 오전 11시 주로 가정교회장의 집에서 하였고 가끔은 가정을 순회하면서 이루어졌다. 그리고 봄과 가을에는 전 교인과 이웃이 함께하는 축제예배를 개최하였다.

주일예배는 전 교인이 참여하고 수요예배는 부인들 중심으로 이루어졌다. 주일예배는 세미나실 원탁 테이블에 앉아서 진행하였다. 찬송가는 주로 교인들에게 친숙한 찬송을 하였고, 설교는 가정교회장이 담당하고 원탁에 앉아서 대화식 설교가 이루어졌다. 설교는 보편적이며 세계성을 띤 설교였다. 새로 참여한 교인이나 기존 교인들도 이해하고 수용할 수 있는 설교이며, 교인들 자신에게 상담하는 것 같은 설교로 삶에서 적용할 수 있는 메시지를 전달하였다.

수요 훈독회는 주로 부인들이 참석하여 말씀을 읽고 지난 주일 예배의 설교의 메시지를 반추하며 대화를 나누었다. 주일 설교를 통해 느끼고 배운점과 그 내용을 어떻게 생활에서 실천하고 있는가에 대한 대화를 나누었다. 교인은 각자의 삶을 열어놓고 소개하며, 장로, 권사님들이 피드백을 주는 형태의 대화였다. 약 1시간의 훈독회가 끝나면 음식을 함께 나누며 대화와 친교의 시간을 가졌다.

봄가을 축제는 이웃 대학교 잔디 구장에서 주변의 친지나 이웃을 초청하여 바베큐 파티를 열었다. 바베큐를 위한 음식은 교회에서 제공하고 교인들에게는 앉을 돗자리와 고기를 구울 수 있는 불판만 준비하도록 하였다. 식사가 끝난 후 레크레이션 시간에는 노래강사를 초청하여 함께 노래하고 게임도 하며 즐거운 축제의 시간을 가졌다.

# 참고 도서

## 소그룹 이론과 실제

대한기독교교육협회 편, 『그룹다이나믹스 입문』, 대한기독교교육협회, 1982.

송호범 엮음, 『소모임 활동 입문』, 풀빛, 1983.

Carl F. George, 박종훈·정종현 역, 『열린 소그룹 닫힌 소그룹』, GICG, 2002.

Carl Rogers, 한국인성개발연구소 역, 『엔카운터 그룹』, 도서출판 인간연합.

Martin Lakin, 차풍로·박근원 역, 『부드러운 혁명』, 현대사상사, 1983.

Bill Search, *Simple Small Group*, Search, 2008.

C. Gratton Kemp, *Small Group and Self Renewal*, The Seabury Press, 1971.

Ed. Marshall Scott Pool·Andrea B. Hollingshead, *Theory of Small Group*, Sage, 2005.

Heather Webb, *Small Group Leadership*, Zondervan, 2005.

Henry Cloud·John Townsend, *Making Small Groups* Work, Zondervan, 2003.

Max Rosenbaum·Alvin Snadowsky, *The Intensive Group* Experience, The Free Press, 1976.

Randy Fujishin, *Creating Effective Groups*, Rowman & Littlefield, 2007.

## 작은 교회 목회

박홍래, 『셀그룹 셀교회』, 서로 사랑, 2005.

박영철, 『세그룹 리더십』, 서로 사랑, 2001.

안도현 엮음,『작은 교회 큰 이야기』, 예영커뮤니케인션, 2001.

여상기 역, 21세기 목회경영과 평신도 사역, 크리스천 헬러드, 1995.

이광수,『소그룹이 살아야 교회가 건강해진다.』, 한국학술정보(주), 2010.

마이크 깁스·T. 랄프 모오튼,『평신도의 해방』, 대한기독교 서회, 1990

빌도나휴·러스 로빈슨 공저, 오태균 역,『소그룹 중심의 교회를 세우라』, 2008.

클라이드 리드, 고용수 역,『소그룹활동을 통한 교회성장의 비결』, 1982.

론 니콜라스 외, 신재구 역,『소그룹 운동과 교회성장』, 1986.

루스 Q. 터커,『하나님이 기뻐하시는 작은 교회』, 스텝스톤, 2006.

호세 마린스 외 2인, 이순 역,『작은 교회』, 2005.

J. C. 호켄 다이크, 이계준 역,『흩어지는 교회』, 대한기독교 서회, 1985.

찰스 안,『교회 소그룹 성장을 위한 새로운 비젼』, 도서출판솔로몬, 1995.

빌 도나휴, 송영선 역,『윌로우크릭 교회 소그룹 이야기』, 2002.

Anthony G. Pappas, *Entering the World of the Small Church*, An Alban Institute Publication, 1980.

Anthony G. Pappas, *Inside the Small Church*, An Alban Institute Publication, 1998.

Bill Donahue·Russ Robinson, *Building a Church of Small Groups*, Zondervan, 2001

David R. Ray. *The Indispensable for Smaller Churches*, The Pilgrim Press Cleveland, 2003.

Denny Rydberg, *Building Community in Youth Groups*. Group Books, 1985.

James O'Halloran, *Small Christian Communities*, A Pastoral Companion, 1996.

Ed. Nancy T. Foltz, *Religious Education in the Small Membership* Church, 1990.

## 가정교회 목회

김기복, 『훈독가정교회 이야기』, 성화출판사, 2004.

김영산, 『중국 가정교회 신앙과 생활』, 도서출판 영문, 2004.

박승로, 『21세기 목회의 새로운 대안―가정교회』, 도서출판 세복, 2002.

볼프강 짐존, 황진기 역, 『가정교회』, 국제제자훈련원, 2004.

래리 크레이더, 김윤아 역, 『가정교회를 일으키라』, 1995.

최상태, 21세기 신교회론―『이것이 가정교회다』, 2007.

세계평화통일가정연합, 『가정교회 활동 매뉴얼』, 미간행 워크북.

소강석, 『포스트 코로나―한국교회의 미래』, 쿰란출판사, 2020.

이재영, 『가정교회 시대의 예배와 설교』, 선문대학교, 2008.

최경학, 『왜 가정교회인가?』, EM, 2021.

최영기, 『가정교회에서 길을 찾다』, 두란노, 2019.

Birkey Del, *The House Church*, Wipf & Stock Publisher, 2019.

Simson Wolfgang/Barna George, *The House Church Book*. Barna Books, 2009.

# 부록

아이스브릭(Ice Break) Launching Questions for Small Group

01. 가장 기억에 남는 당신의 생일 선물에 대하여 말해봅시다.

02. 당신이 즐겨보는 잡지는?, 즐겨보는 이유는?

03. 당신은 어디에서 유년시절을 보냈는지?, 그 때 남는 추억은?

04. 만약 돈이 없는 상태에서 당신에게 긴 휴가가 주어진다면 그 휴가를 어떻게 즐기겠습니까?

05. 당신에게 멋진 뮤지컬 티켓 2장이 있다면 누구와 같이 가시겠습니까?, 왜 그 사람인지요?

06. 당신은 어느 유명인을 만나고 싶나요? 그는 누구이고 그와 어떤 일을 하시겠습니까?

07. 당신이 말기 암 진단을 받고 1개월 시한부 인생을 산다면 당신은 무슨 일을 하겠습니까?

08. 당신이 가지고 있는 것 중에 가장 소중한 것은?, 그것이 왜 소중한지요?

09. 당신의 생애에서 가장 큰 영향을 미친 사람은? 어떤 영향을 미쳤는지요?

10. 당신의 집에서 제일 머무르고 싶은 곳은? 왜 그 곳인가요?

11. 당신에게 가장 인상 깊었던 영화는? 어떤 면에서 인상이 깊었는지요?

12. 당신이 애완동물을 기른다면 어떤 동물인가요? 그 이유는?

13. 당신의 묘비에 무엇이라고 쓰기를 원합니까? 왜 그 말을 쓰고 싶은지요?

14. 당신이 배우고 싶은 기술이 있다면 무엇인가요? 왜 그 기술이지요?

15. 교회에서 가장 좋은 경험은?

16. 교회에서 가장 안 좋은 경험은?

17. 당신이 만약 죄를 짓는다면 어떤 죄를 짓게 될까 걱정하십니까?

18. 당신이 자라면서 부모로부터 가장 많이 들은 잔소리는?

19. 여름방학(겨울방학) 중 가장 기억에 남는 일은?

20. 당신이 가장 무서웠던 경험은 무엇인가요?

21. 당신이 기억에서 지워지지 않는 나쁜 기억은?

22. 당신이 최근 흘린 눈물은 언제 왜 흘렸나요?

23. 당신의 생애에서 성취한 가장 큰 일은 무엇인가요?

24. 금년도 당신이 가장 잘못 결정한 것은?

25. 당신이 금년도(전년도) 실패하였다고 생각되는 일은?

26. 당신이 가장 당황하였던 때는?, 왜 당황을 했나요?

27. 당신이 가장 마음 아팠던 때는?, 무슨 일이 있었나요?

28. 당신이 가장 좋아하는 계절은?

29. 당신이 만약 직업을 바꾼다면 어떤 직업을 원합니까?

30. 당신이 가장 여행하고 싶은 지역은 어디입니까? 왜 그 곳을 가고 싶은지요?

31. 당신이 교회에 불만이 있다면? 무엇입니까?

32. 당신이 병원에 입원한 적이 있다면 언제 어떤 질병으로 입원했나요?

33. 당신이 가장 좋아하는 음식은?, 싫어하는 음식은?

34. 우리 교회가 처한 문제 중 가장 큰 문제는?

35. 우리 교회에서 개선할 사항이 있다면 무엇일까요?

36. 월요일 오후 6시에 당신의 집에 있는 가족은 누구인가요?

37. 당신 청소년 시절 친구 중 기피한 친구가 있었는지요?

38. 당신은 자신의 실수에 대하여 보통 어떻게 반응하는지요?

39. 당신은 집안일에서 주로 어떤 일은 맡고 있는가요?

40. 당신의 거짓말로 인해 곤경에 처한 일이 있었는지요?

41. 부부 중 더 빨리 성숙한다고 생각하는지요?

42. 당신의 가정이 행복한 가정이 되기 위하여 한 가지를 바꾼다면 무엇인가요?

43. 당신의 가정의 주요한 세 가지 규칙 혹은 습관은?

44. 최근에 가장 화가 났던 일은?

45. 당신이 가장 듣기 좋았던 칭찬은?

46. 당신이 생애에서 가장 잘 한 일은?

47. 하나님이 당신에게 말씀하신다면 무슨 말씀이 듣고 싶은가?

48. 만약 당신의 어머니(아버지)를 닮았다면 어떤 면이 가장 닮았는가?

49. 당신의 생애에서 가장 피크타임은 언제인가?

50. 당신이 하는 일을 가족이 돕지 않을 때 당신은 어떤 생각이 되는가?

McLuen & Wysong, The Student Leadership Manual for Youth Worker, 168쪽.

# 31가지 소그룹 교수 학습 방법

01. 독서 토론(Book Report)

02. 브레인스토밍(Brainstorming)

03. 버즈 그룹(Buzz Groups)

04. 사례연구(Case Study)

05. 원탁 반응 토의(Circle Response)

06. 담화(Colloquy)

07. 쌍쌍토의(Couple Buzzers)

08. 논쟁 공개토론(Debate Forum)

09. 시범활동 그룹(Demonstration-Work Group)

10. 심층 말씀연구(Depth Bible Encounter)

11. 확장 패널(Expending Panel)

12. 현장 답사(Field Trip)

13. 영화감상 토론(Film Talk-Back)

14. 작품감상 담화(Gallery Conversations)

15. 음악감상 토론(Music Forum)

16. 공동그림(Group Painting)

17. 손가락 그림(Finger Painting)

18. 공동 글짓기(Group Writing)

19. 퍼즐 맞추기(Puzzle)

20. 설교 반응 토론(Sermon Forum)

21. 토론자 공개토론(Panel Forum)

22. 촌극 토론(Play-Reading Talk-Back)

23. 면접 토론(Interview Forum)

24. 세미나(Seminar)

25. 심포지엄(Symposium)

26. 강의 공개토론(Lecture Forum)

27. 과제 그룹(Task Group)

28. 캡스톤 디자인(Capstone Design)

29. 워크숍(Work Shop)

30. QT(Quite Time)

31. PBL(Problem-Based Learning)

포스트코로나19 시대의 교회

# 가정교회가 답이다

| | |
|---|---|
| 초판 1쇄 인쇄일 | 2022년 8월 8일 |
| 초판 1쇄 발행일 | 2022년 8월 19일 |

| | |
|---|---|
| 지은이 | 이재영 |
| 펴낸이 | 한선희 |
| 편집/디자인 | 우정민 김보선 손현수 |
| 마케팅 | 정찬용 정구형 |
| 영업관리 | 한선희 정진이 |
| 책임편집 | 남지호 |
| 펴낸곳 | 국학자료원 새미 (주) |
| | 등록일 2005 03 15 제25100−2005−000008호 |
| | 경기도 고양시 일산동구 중앙로 1261번길 79 하이베라스 405호 |
| | Tel 442−4623 Fax 6499−3082 |
| | www.kookhak.co.kr |
| | kookhak2001@hanmail.net |

| | |
|---|---|
| ISBN | 979−11−6797−070−1 *13230 |
| 가격 | 15,000원 |